互联网+教育改革新理念教材

普通话教程

主编　高乃尧

镇　江

内 容 提 要

本书以《普通话水平测试大纲》和《普通话水平测试实施纲要》为依据，结合普通话水平测试的题型和测试要求，从语音知识、发音方法、正音技巧等方面进行了系统、全面的讲解，并配有大量有针对性的训练材料，以便于学生纠正发音。此外，本书还对计算机辅助普通话水平测试的测试流程、注意事项做了详细介绍，从而帮助学生解答"怎么考"的疑惑。

本书是一本实用性很强的普通话学习指导用书，可作为各类职业院校普通话课程的教材。

图书在版编目（CIP）数据

普通话教程 / 高乃尧主编. -- 镇江 : 江苏大学出版社, 2022.2（2024.1 重印）
ISBN 978-7-5684-1790-7

Ⅰ. ①普… Ⅱ. ①高… Ⅲ. ①普通话－教材 Ⅳ. ①H102

中国版本图书馆 CIP 数据核字(2022)第 031138 号

普通话教程
Putonghua Jiaocheng

主　　编 / 高乃尧
责任编辑 / 任建波
出版发行 / 江苏大学出版社
地　　址 / 江苏省镇江市京口区学府路 301 号（邮编：212013）
电　　话 / 0511-84446464（传真）
网　　址 / http://press.ujs.edu.cn
排　　版 / 北京同文印刷有限责任公司
印　　刷 / 北京同文印刷有限责任公司
开　　本 / 880 mm×1 230 mm　1/16
印　　张 / 11.5
字　　数 / 324 千字
版　　次 / 2022 年 2 月第 1 版
印　　次 / 2024 年 1 月第 3 次印刷
书　　号 / ISBN 978-7-5684-1790-7
定　　价 / 45.00 元

如有印装质量问题请与本社营销部联系（电话：0511-84440882）

前言 PREFACE

推广普通话是我国的基本语言政策，也是现代汉语发展的必然要求。掌握和使用普通话是现代各行各业的工作人员，特别是播音员、节目主持人、教师、演员、国家机关工作人员必备的职业素质，也是学生顺利就业的必要条件。

目前，许多院校都已把提高普通话水平纳入培养目标和有关课程标准。为适应这种形势，我们精心编写了这本《普通话教程》，旨在为学生提供一本既科学严谨又简洁实用的普通话教材。

本书具有以下特色：

1. 素养培育，立德树人

党的二十大报告指出："育人的根本在于立德。"本书有机融入党的二十大精神，以培养学生正确的世界观、人生观和价值观为己任，将社会主义核心价值观元素、文化传承与文化自信、人文精神与社会责任等融入正文内容与各类模块中，使学生思想政治素养、专业知识和实践能力同步提升，以实现素养培育、立德树人的教学理念。

2. 立足权威，助力测试

本书以教育部、国家语言文字工作委员会颁布的《普通话水平测试大纲》和《普通话水平测试实施纲要》为依据，书中内容力求与普通话水平测试相统一，以帮助学生了解普通话水平测试的具体内容和要求，掌握测试的应对技巧，从而顺利地通过普通话水平测试。

3. 全新形态，全新理念

本书模块丰富，寓教于乐。通过设置"知识链接""趣味小案例""提示""注意"等模块，极大地增强了教材的可读性和感染力。例如，"趣味小案例"中讲述了一些因发音不准而令人捧腹的小故事，可调动学生学习普通话的积极性。

另外，本书在内容上注重实用性，有助于强化训练。书中不仅针对普通话中的语音难点和部分方言区的人可能存在的薄弱环节进行了重点讲解，对易读错和易混淆的发音也进行了详细分析。而且，为了增强教材的吸引力，让学生能够在轻松愉快的氛围中学好普通话，本书把理论知识和丰富多彩的训练材料结合起来，为学生提供了充足的练习资源。

4. 数字资源，丰富多彩

本书配有高质量的教学资源、微课和教育平台。

（1）丰富的教学资源。包括课件、教案、练习、答案等，读者可以登录网站（www.wenjingketang.com）下载。

（2）精心录制的微课。为重要知识点配备了微课，学生只需拿起手机扫一扫，就能获取相关发音技巧和所有字词训练、朗读训练的音频。通过反复听这些音频，学生可以及时发现并纠正自己的发音问题，以便更好地掌握普通话。

（3）贴心的文旌综合教育平台（www.wenjingketang.com）。提供院系、班级自动化管理功能，海量严格筛选的试题及多套专家组织的试卷，可让教师轻松布置作业、组织在线考试，以及让学生在PC端或移动端提交作业、进行学习自测和参加在线考试等。

本书由高乃尧担任主编，许燕、臧伟、孙博担任副主编。

在编写本书的过程中，我们参考了大量的资料。由于部分资料来自网络，我们未能确认出处，也暂时无法联系到原作者。对此，我们深表歉意，并欢迎原作者随时与我们联系（电话：4001179835）。由于编者能力有限，书中存在的不完善之处，诚请各位老师和广大读者批评指正。

目录

CONTENTS

目录

CONTENTS

CONTENTS

目录

CONTENTS

CONTENTS

项目一

了解普通话

【引言】

能听懂并且会说普通话，是一项必备的社交技能，也是一项基本的职业技能。我们从幼儿园阶段就开始学习普通话，但还是有很多人由于受方言影响而存在这样或那样的发音问题。在学习普通话的过程中，要注意掌握正确的学习方法，并进行有针对性的训练，这样才能够练就一口标准的普通话。

【学习清单】

完成一项学习任务后，请在对应的方框中打“√”。

课前预习

- □ 1. 用普通话朗读一首诗歌，让同学进行评价。同时，写下评价要点和感想。
- □ 2. 通过查阅书籍、网络搜索等途径了解汉语方言的种类。
- □ 3. 与同学交流普通话的学习方法。

课中学习

- □ 1. 了解十大方言，理解普通话的语音、词汇及语法的标准。
- □ 2. 了解音素的种类、音节的构成及特点。
- □ 3. 通过听广播、朗读训练及认真记录等方式，反复练习普通话。

课后实践

- □ 1. 积极、认真地开展以“学好普通话”为主题的演讲比赛，提升讲普通话的技能。
- □ 2. 结合所学知识及个人的经验，归纳学习普通话的方法，并以书面形式呈现。

素养培育

- □ 1. 感受汉语方言及普通话的深厚底蕴，增强对中华文化的认同感。
- □ 2. 增强规范使用国家语言文字的意识，自觉弘扬中国优秀传统文化。

【知识讲堂】

任务一　了解汉语方言与普通话

一、汉语方言

汉语是汉民族的语言，也是我国的主要语言。汉语方言是语言的地域变体，是通行于一定地域的、为某一地区的人们所使用的语言。

根据方言形成和发展的历史及方言的结构特点，可将汉语方言分为十大方言区，分别为官话方言、晋方言、吴方言、闽方言、客家方言、粤方言、湘方言、赣方言、徽方言、平话和土话。方言之间的差异主要表现在语音方面，词汇次之，语法的差异最小。

课堂互动

说一说你来自哪一个方言区，你的方言有什么特点？

（一）官话方言

官话方言（也称北方方言）是现代汉民族共同语的基础方言，以北京话为代表，内部一致性较显著。在汉语各方言中，它的分布地域最广，使用人口约占汉族总人口的 70%。

根据各地发音的差异，官话方言又可分为八种次方言：

① 东北官话。分布在黑龙江、吉林、辽宁大部分地区、内蒙古东部地区及河北东北部地区。

② 胶辽官话。分布在山东省的胶东半岛、辽宁省的辽东半岛，包括青岛、烟台、大连等四十多个县市。

③ 北京官话。又称华北官话，主要分布在北京、河北北部和内蒙古中部地区。

④ 冀鲁官话。分布在河北、天津、山东北部和西北部，以及北京市平谷区，山西广灵县等地。

⑤ 中原官话。以河南、江苏徐州、陕西关中、山东南部为中心，覆及山东、河北、河南、山西、江苏、安徽、陕西、甘肃、宁夏、青海、新疆。代表方言为河南方言。

⑥ 江淮官话。分布在安徽、江苏两省的长江以北、淮河以南地区（徐州、蚌埠一带除外），以及镇江以西、九江以东的长江南岸的沿江一带。

⑦ 兰银官话。分布在甘肃、青海、宁夏、新疆的部分地区。

⑧ 西南官话。分布在四川、云南、贵州等省，以及湖北大部分地区（东南角除外），还有广西西北部和湖南西北角的小块地区。

下面以东北话为例，介绍它在发音方面的特点：

① 平翘舌音常常混用。例如，将“市长（shìzhǎng）”读作“寺长（sìzhǎng）”，“主力（zhǔlì）”读作“阻力（zǔlì）”。

② 声母 r 常被 n、l 和 y（零声母）替代。例如，将“儒（rú）”读作“lú”，“人（rén）”读作“yín”，“肉（ròu）”读作“yòu”。

③ 韵母 o 常被 e 替代。东北话里没有 bo、po、mo、fo 音节，但有 be、pe、me、fe 音节。例如，在东北话里，“胳膊（bo）”读作“胳膊（be）”，“衣服破（pò）了”读作“衣服破（pè）了”，“抚摩（mó）”读作“抚摩（mē）”，“乐山大佛（fó）”读作“乐山大佛（fé）”。

（二）晋方言

晋方言主要分布在山西省、内蒙古中西部、陕西省北部、河北省西部、河南省黄河以北大部分地区，以太原话为代表。晋方言的发音特点主要是：① 塞音声母 p、t、k 带有舌根擦音 x。② 鼻音声母带有同部位的塞音声母。③ 某些复合元音的单元音化，如将怪（guài）读作“guè”。

（三）吴方言

吴方言主要分布在上海市，浙江的大部分地区，江苏的长江以南、镇江以东地区（不包括镇江）和南通的小部分地区，以及江西省、福建省和安徽省的小部分地区。早期吴方言的代表话是苏州话，现为上海话和苏州话。

下面以上海话为例，介绍它在发音方面的特点：

① 上海话里面没有翘舌音 zh、ch、sh。上海人常将翘舌音 zh、ch、sh 读成平舌音 z、c、s，如将“吃饭（chī fàn）”读作“cī fàn”。

② 上海话里没有前后鼻韵母之分，基本都将后鼻韵母读成前鼻韵母。例如，将“精、零、英（jīng、líng、yīng）”读作“jīn、lín、yīn”。

③ 上海话缺少 ai、ei、ao、ou 等复韵母。ao、ou 在上海话里发近似单韵母 u、o 的音。例如，把“好多”说得像“虎都”。

④ 缺少轻声和儿化音。上海人常将应读轻声的字读成本调，如将“舌头（shétou）”读作“shétóu”，容易让人误解成“蛇头”。另外，上海人一般不发儿化音。一方面是因为上海话本来就极少有儿化词；另一方面，卷舌 r 这个音对大多数上海人来说都比较难发出。

（四）闽方言

现代闽方言的主要分布区域跨越六省，包括福建和海南的大部分地区、广东的潮汕地区和雷州半岛、浙江南部的部分地区、广西的少数地区、台湾的大多数汉人居住区。

闽方言是各方言中内部差异最大、语音现象最复杂的一种方言，又可分为闽东、闽南、闽北、闽中、莆仙五种次方言。其中，闽南方言是闽方言中使用人口最多、通行范围最广的一种方言，主要分布在闽南二十四县，台湾、海南的大部分地区，以及广东的雷州半岛、浙江南部等地区，以厦门话为代表。

（五）客家方言

客家方言以广东梅县话为代表，主要分布在广东、福建、台湾、江西、广西、湖南、四川等省，其中以广东东部和北部、福建西部、江西南部和广西东南部为主。客家方言的发音特点是：① 平舌音和翘舌音不分；② f 和 h，n 和 l，i 和 ü 不分。

（六）粤方言

粤方言以广州话为代表，主要分布在广东中部、西南部，广西东部、南部，以及香港、澳门特别行政区。

粤方言的发音特点是：① 声调的第二声和第三声区别不大，尤其是第三声调值不到位，如将“雪（xuě）”读作“学（xué）”；② zh、ch、sh 与 j、q、x 混用，如把“知道（zhīdào）”读作“机道（jīdào）”等；③ 介音（韵母的韵头）发音错误，以介音 i 为主，发音时，将“皆 jie”读作“je”，“奖（jiǎng）”读作“涨（zhǎng）”。

（七）湘方言

湘方言分布在湖南大部分地区（西北角除外），湖南省外也有少部分地区分布，如广西北部的兴安、灌阳、全州和资源四县，以及四川省约 45 个县市的一些局部地区。湘方言以长沙话为代表。湘方言内部还存在新湘语和老湘语的差别。新湘语在长沙等较大城市通行，受北方方言的影响较大；老湘语目前基本上只保留在湖南南部的湘语中。

湘方言的发音特点主要是：① 声母 f 和 h 不分，ch 和 q 不分，sh 和 x 不分，n 和 l 不分，如将“灰（huī）”读作“fēi”，“吃（chī）”读作“qī”，“妮（nī）”读作“lī”；② 没有翘舌音；③ 鼻音韵尾一般多“-n”，少“-ng”。

（八）赣方言

赣方言分布在江西大部分地区（东北沿长江地区和南部地区除外），湘东、鄂东南、皖西南、湘西南等地也有赣语，以南昌话为代表。赣方言的发音特点主要是：① 清音多，浊音少；② 平舌音和翘舌音不分；③ f 和 h，n 和 l 不分；④ 将后鼻韵母基本都读成前鼻韵母。

（九）徽方言

徽方言分布在钱塘江上游古徽州府、严州府大部分地区、饶州府部分地区。徽州方言颇具特色，是一种与普通话差别很大的方言群。

（十）平话和土话

平话和土话主要分布在湖南、广东和广西的交界地带，其来源于多种方言，加上后来各方言自身的演变，层次多样，系统性差。桂林市郊县、永福县，以及南宁市郊县平话居民较集中。

二、普通话

普通话是我国国家通用语言，也是现代汉民族共同语。它以北京语音为标准音，以北方话为基础方言，以典范的现代白话文著作为语法规范。“普通话”中的“普通”二字是“普遍通行”“共通”的意思，并不是“平常”“一般”的意思。

普通话是规范化的现代汉语，其规范体现在语音、词汇、语法各方面的标准上。

（一）普通话的语音标准

普通话以北京语音为标准音的原因有两个：第一，北京自元朝以来一直是全国政治、经济、文化的中心，其语音在全国各地的传播速度快、范围广，容易被大众接受；第二，北京语音本身的音素和音节都比其他方言简单，且发音清晰，具有韵律美。

普通话语音系统主要包括声母、韵母、声调、音节，以及变调、轻声、儿化、语调等。

知识链接

北京话不是普通话

在我们周围，有不少人认为普通话就是北京话，这个观点是错误的，北京话与普通话是有区别的。例如，在评价一个女孩的长相时，我们可能会说“较清秀（jiào qīngxiù）”，这话要是让北京人来说，也许他会说成“jiǎo qīngxiù”。这容易使听者犯糊涂——是说女孩儿的脚长得清秀、好看吗？又如，北京人喜欢把“邮局（yóujú）”读作“yōujú”，“附近（fùjìn）”读作“fǔjìn”，“侵略（qīnlüè）”读作“qǐnlüè”等。

除了这些异读音之外，北京话中还有一些土音。例如，老北京人把连词“和（hé）”说成“hàn”，把“蝴蝶（húdié）”说成“hútiěr”，把“告诉（gàosu）”说成“gàosong”等。其实，北京话也是方言的一种，只不过它是具有特殊地位的一种方言罢了。

（二）普通话的词汇标准

普通话一般以北方话中比较通行的词汇作为词汇规范的基础。这是因为北方话分布在华北、东北、西南、西北等地区，分布区域最广，使用人口最多。普通话以大多数人惯用的北方话词汇为基础，更容易普及。

以北方话为基础方言并非意味着普通话词汇就是北方话词汇，普通话词汇中不包括北方话当中的土语。例如，“老爷们”“老姑娘”“堂客”等北方话词汇，很难让其他方言区的人理解，故不能作为普通话词汇推广。另外，普通话也吸收了其他方言中有很大影响、富有表现力的词汇，如“排档”“垃圾”等，以及一些从外语中吸收的词汇，如“沙发”“寿司”等。

（三）普通话的语法标准

“以典范的现代白话文著作为语法规范”，是指普通话以经过提炼和加工的、流传广泛的、在语法方面有较强代表性的书面语作为语法标准。“现代白话文”是指五四运动以来的白话文，“典范的著作”是指具有广泛代表性的著作，如国家的法律条文、报刊社论及现代著名作家的作品等。

在理解普通话的语法标准时，需要注意以下两点：

① 要以这些著作中的一般用法而不是特殊用法作为语法规范。

② 要有“与时俱进”的观念。例如，由于受时代特征的影响，鲁迅、老舍、朱自清等大师的作品中保留了一些当时的语法结构，这些语法结构现在已不再是规范用法。

任务二　学习普通话

一、学好语音的基础知识

语音是由人的发音器官发出的代表一定意义的声音，即人说话的声音。它与词汇、语法一起构成语言的三要素。要想学好一种语言，首先要学好语音的基础知识。

（一）音素

音素是构成音节的最小单位，分为元音音素和辅音音素两大类。

元音音素有 10 个：ɑ、o、e、ê、i、u、ü、-i（前）、-i（后）、er。发音时，气流在口腔中不受阻碍，声带振动，声音响亮。

辅音音素有 22 个：b、p、d、t、g、k、z、c、zh、ch、j、q、f、s、sh、r、x、h、m、n、ng、l。发音时，气流在口腔中受到不同部位、不同方式的阻碍，声音一般不响亮。除了 m、n、l、r、ng 的发音必须振动声带外，其他 17 个的发音都不需要振动声带。

（二）音节

音节是语音结构的基本单位，也是听觉上能分辨出的最自然的语音单位。

1. 音节的构成

按照我国传统的语音分析法，一个音节由声母、韵母、声调三个部分构成。

声母是音节开头的部分。普通话中有 21 个辅音声母，分别为 b、p、m、f、d、t、n、l、g、k、h、j、q、x、zh、ch、sh、r、z、c、s。有些音节的开头部分没有声母，由韵母独立构成音节，称为零声母，如“二（èr）”“矮（ǎi）”。

韵母是音节中声母后面的部分，主要由元音构成。例如，“发达（fādá）”中的“a”，“机器（jīqì）”中的“i”，“电线（diànxiàn）”中的“ian”都是韵母。普通话中有 39 个韵母。

声调是音节的高低升降形式。普通话的声调包括阴平、阳平、上声、去声四种。一个音节可以没有辅音声母，但一定要有韵母和声调。

2. 音节的特点

① 音节一般由一个或多个音素构成。汉语音节最少由一个音素构成，如音节“啊（ā）”只有一个元音音素 a；音节最多由四个音素构成，如音节“想（xiǎng）”包含 x、i、a、ng 四个音素。

② 音节中，元音占主要地位。音节中可以没有辅音，但不能没有元音。一个音节最多可以有三个元音，构成韵母的韵头、韵腹和韵尾。例如，“帅（shuài）”这个音节的韵母由韵头 u、韵腹 a 和韵尾 i 三个部分组成。

③ 音节中必须有声调。汉语是有声调的语言，这是汉语在语音上的重要特点。一般说来，每个音节都有声调，轻声只是一种特殊的音变现象。

④ 在普通话里，通常一个汉字就是一个音节，但儿化音除外。儿化是一种特殊的音变现象，用两个汉字表示一个音节。例如，双音节词语“小猴儿（xiǎohóur）”“一会儿（yíhuìr）”中的“儿”只是卷舌标志，朗读时必须拼合在前一个音节上，没有词汇意义，不能将其视为独立的音节。

普通话中有 400 多个基本音节，学习普通话最直接的方法是读准这 400 多个音节。

二、掌握学习普通话的具体方法

（一）仔细听

“听”是学好普通话的前提。听广播，听电视里主持人的讲话，听教学录音带，听身边普通话说得好的老师、同学、朋友说话，听自己喜欢的影视作品中的旁白、对白等，都是不错的学习方法。听的时候，一定要仔细听那些易读错、易混淆的音，如 ing 与 in、n 与 l 等。听完他人的发音后，一定要跟读，模仿他人的正确发音，做到字正腔圆。

（二）反复练

“练”是学好普通话的关键。如果不开口说，所学的普通话发音技巧会逐渐被遗忘。练习普通话的途径有很多，除了利用专门的普通话练习资料进行大声朗读训练外，日常生活、学习中处处都可以练习普通话。练习时，建议先学会那些使用频率较高且容易读错的字词，以提高学习普通话的效率。

（三）认真记

“记”是学好普通话的一个重要环节，它包括“记录”和“记忆”两层含义。有方言口音的人在学习普通话的过程中要想排除方言带来的干扰，最有效的方法就是找出自己的方言与普通话之间

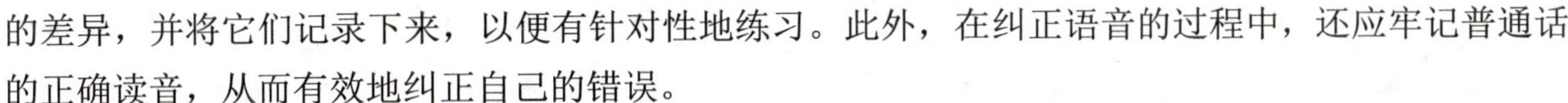

的差异，并将它们记录下来，以便有针对性地练习。此外，在纠正语音的过程中，还应牢记普通话的正确读音，从而有效地纠正自己的错误。

课堂互动

你打算如何学习普通话？你有哪些方法和窍门？

素质课堂

中华人民共和国成立70多年来，普通话作为我国法定的通用语言，为增进民族间、地区间交往，促进教育、科技、文化等各项事业发展，奠定了坚实的基础。在城镇化加速推进的今天，普通话学习推广已由过去的“要我说”转变为“我要说”。

普通话不仅是交际的工具，也是文化的重要载体。我们应弘扬传承中华优秀语言文化，写好方块字，说好普通话，坚定文化自信，感悟博大精深的中华文化。

【实战演练】

贯彻党的二十大报告精神演讲比赛

党的二十大报告对青年寄予厚望，专门指出“青年强，则国家强”“当代中国青年生逢其时，施展才干的舞台无比广阔，实现梦想的前景无比光明”“广大青年要坚定不移听党话、跟党走，怀抱梦想又脚踏实地，敢想敢为又善作善成，立志做有理想、敢担当、能吃苦、肯奋斗的新时代好青年，让青春在全面建设社会主义现代化国家的火热实践中绽放绚丽之花”。

活动目的

通过演讲比赛感悟并贯彻党的二十大精神，同时加深对普通话的认识，养成说普通话的习惯。

活动描述

全班学生以小组为单位开展以“如何学好普通话”为主题的演讲比赛，所有成员均可参加。活动的组织人员、评分和奖项安排如下。

（1）组织人员。首先从全班学生中选出1名主持人和3名记分员分别负责主持和记分工作，然后将余下学生分成若干组，每组选出1名组长。

（2）评委。本组外的其他组组长担任评委。

（3）评分规则。除去评委评分中的最高分和最低分，取剩余评分的平均分作为比赛结果，并按平均分的高低排出名次。

（4）奖项设置。比赛设一等奖1名、二等奖2名，由教师根据情况适当设置奖品。

活动分组

全班学生每5～7人为一组，各组选出组长并进行任务分工，将小组成员及分工情况填入表1-1中。

表 1-1　小组成员及分工情况

班级：＿＿＿＿＿＿　　组号：＿＿＿＿＿＿　　指导教师：＿＿＿＿＿＿

小组成员	姓名	学号	任务分工
组长			
组员			

活动实施

各组按照小组分工情况开展实践活动，并将具体的实施情况记录在表 1-2 中。

表 1-2　实施情况记录表

时间安排	实施步骤
	1．确定演讲题目 小组研读党的二十大报告，然后讨论、确定演讲的题目（如“党的二十大和我的人生路”）。
	2．确定参赛人员 ① 撰写演讲稿。 ② 组内模拟演讲，并记录模拟情况，然后确定参赛人员。
	3．开始比赛 ① 确定比赛顺序。教师组织所有小组进行演讲比赛，由各小组现场抽签决定比赛顺序。 ② 确定主持人和记分员。 ③ 按照抽签顺序进行演讲。 ④ 比赛评比。各组组长对演讲比赛进行评分，评分标准如表 1-3 所示。

续表

时间安排	实施步骤
	4．总结经验 小组成员讨论此次演讲比赛中的优点与不足，总结经验。

表 1-3　评分标准

评价项目	评分标准	分值	得分
演讲内容	观点正确、鲜明	15 分	
	选材得当，材料充分，针对性强	15 分	
	结构清晰，逻辑严谨，说服力强	10 分	
语言表达	吐字清晰，发音标准	10 分	
	表达自然，能准确、恰当地表情达意	10 分	
	演讲流畅，语速适中，节奏富于变化	10 分	
团队协作	小组成员协作良好	5 分	
	任务完成度高	5 分	
仪表仪态	举止从容，大方得体，不矫揉造作	5 分	
	精神饱满，亲切自然	5 分	
演讲时间	演讲时间为 5 分钟，少于 4 分钟或多于 6 分钟的，每不满或超过 30 秒扣 2 分（不满 30 秒按 30 秒计），扣完 10 分为止	10 分	
合　计		100 分	

【项目考核】

各组成员结合课前、课中和课后的学习情况，按照表 1-4 的评价标准对该项目的学习效果进行自评和互评，并请老师进行总体评价。

表 1-4　项目考核评价表

考核内容	评价标准	分值	评价得分		
			自评	互评	师评
知识与技能考核（40%）	能够简要概述汉语方言的种类	5 分			
	能够简要说明普通话的语音、词汇及语法的标准	5 分			
	熟悉音素的类型、音节的构成及特点	5 分			
	能够结合所学知识及自身实际，选择合适的普通话学习方法	10 分			
	能够采用流畅、标准的语言进行演讲	15 分			

续表

考核内容	评价标准	分值	评价得分		
			自评	互评	师评
过程与方法考核（20%）	课前积极搜集普通话及汉语方言的基础知识，并能有条理地分析整理所搜集的资料	5 分			
	设计完备而细致的活动方案，为演讲比赛做好充足准备	5 分			
	积极参与课堂互动活动，并踊跃发表自己的看法	5 分			
	善于与同学交流对学习普通话的认识，并懂得归纳总结	5 分			
综合素养考核（40%）	具有团队精神，能够积极与他人合作	10 分			
	具有探究的意识，能积极探索普通话的学习方法	10 分			
	规范地使用语言，积极参与能体现普通话风采的实践活动	10 分			
	自觉、深入地了解汉语方言及普通话，增强对中华文化的认同感和文化自信	10 分			
总评	自评（30%）+互评（30%）+师评（40%）=	教师（签名）：			

项目二

声母——让吐字准确清晰

【引言】

在生活中，经常会出现因声母发音错误而让人不明其意的情况。例如，湖北人可能会将“河南（nán）”说成“荷兰（lán）”，一个音发错，导致国籍都变了。又如，东北人可能会将“小周（zhōu）”喊成“小邹（zōu）”，使得听者很苦恼，不知道他到底要找谁。

正确掌握普通话声母的发音，是学好普通话的第一步。只有掌握了普通话声母的发音，才能避免上述问题。

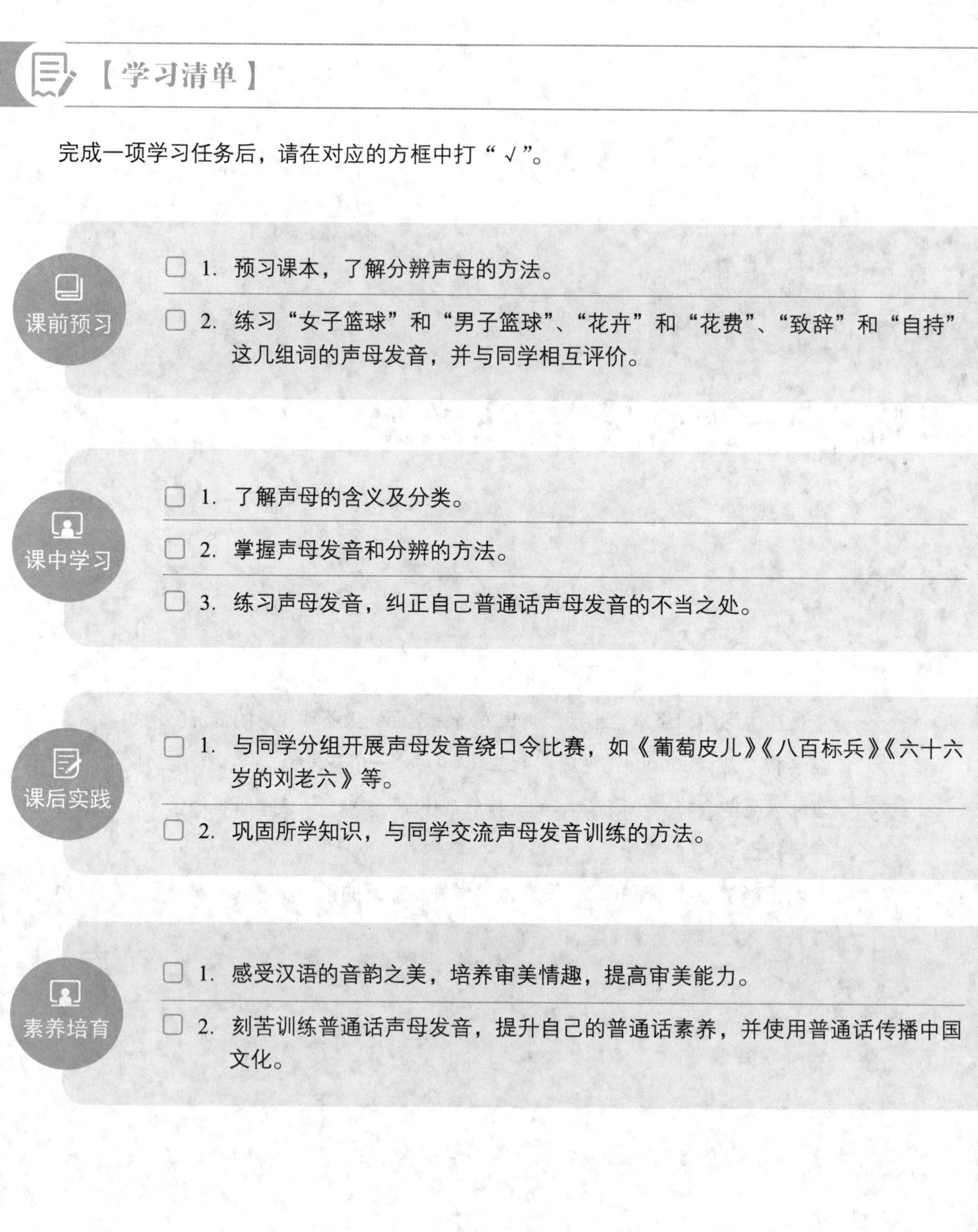

【学习清单】

完成一项学习任务后，请在对应的方框中打“√”。

课前预习

- ☐ 1. 预习课本，了解分辨声母的方法。
- ☐ 2. 练习“女子篮球”和“男子篮球”、“花卉”和“花费”、“致辞”和“自持”这几组词的声母发音，并与同学相互评价。

课中学习

- ☐ 1. 了解声母的含义及分类。
- ☐ 2. 掌握声母发音和分辨的方法。
- ☐ 3. 练习声母发音，纠正自己普通话声母发音的不当之处。

课后实践

- ☐ 1. 与同学分组开展声母发音绕口令比赛，如《葡萄皮儿》《八百标兵》《六十六岁的刘老六》等。
- ☐ 2. 巩固所学知识，与同学交流声母发音训练的方法。

素养培育

- ☐ 1. 感受汉语的音韵之美，培养审美情趣，提高审美能力。
- ☐ 2. 刻苦训练普通话声母发音，提升自己的普通话素养，并使用普通话传播中国文化。

【知识讲堂】

任务一　了解声母的分类及发音

声母一般是指音节开头的辅音，它和韵母声调合在一起构成一个完整的音节。由辅音充当音节开头的声母通常被称为辅音声母。有的音节不以辅音开头，直接由元音构成，习惯上称作“零声母”。

一、辅音声母

辅音是气流呼出时，在口腔某个部位遇到程度不同的阻碍构成的。我们把阻碍的起始阶段叫“成阻”，阻碍的持续阶段叫“持阻”，阻碍的解除阶段叫“除阻”。

普通话语音中的辅音声母共有 21 个，它们分别是：b、p、m、f、d、t、n、l、g、k、h、j、q、x、zh、ch、sh、r、z、c、s。

（一）辅音声母的分类

1. 按发音部位分类

普通话中辅音声母按发音部位分类分为唇音、舌尖音、舌面音三大类，共有 7 种。其中，唇音以下唇为主动器官，舌尖音以舌尖为主动器官，舌面音以舌面为主动器官。

（1）唇音

双唇音：上唇和下唇接触构成阻碍，气流冲破双唇阻碍或气流在双唇遇阻而从鼻腔通过形成的音。双唇音有 3 个，分别是 b、p、m。

唇齿音：下唇向上齿靠拢构成阻碍而发出的音。唇齿音只有 1 个——f。

（2）舌尖音

舌尖前音（也称平舌音）：舌尖平伸轻抵住上齿背，让气流从舌尖挤出而发出的音。舌尖前音有 3 个，分别是 z、c、s。

舌尖中音：舌尖抵住上齿龈构成阻碍，气流将其冲开而发出的音。舌尖中音有 4 个，分别是 d、t、n、l。

舌尖后音（也称翘舌音）：舌尖上翘，抵住硬腭前部，让气流挤出而发出的音。舌尖后音有 4 个，分别是 zh、ch、sh、r。

（3）舌面音

舌面前音：舌面前部上升，接触或接近齿龈、硬腭前部，让气流从舌面挤出而发出的音。舌面前音有 3 个，分别是 j、q、x。

舌面后音（也称舌根音）：舌面后部隆起，接触或接近软腭，构成阻碍而发出的音。舌面后音有3个，分别是g、k、h。

2. 按发音方法分类

按发音方法不同，可从发音时口腔某个部位遇到阻碍的方式和声带是否振动这两个维度，对辅音声母进行分类。

（1）阻碍方式

按发音时构成和解除阻碍的方式分类，辅音声母可分为以下5种（具体见表2-1）：

① 塞音：发音部位完全形成闭塞，软腭上升，关闭鼻腔通路；从肺部出来的气流冲破阻碍，爆发成声。普通话中有6个塞音，分别是b、p、d、t、g、k。

② 塞擦音：发音部位完全形成闭塞，软腭上升，关闭鼻腔通路；气流先把闭塞部分冲开一条窄缝，再从窄缝中挤出去，摩擦成声。普通话中有6个塞擦音声母，分别是j、q、zh、ch、z、c。

③ 擦音：发音部位靠近，留出适度的窄缝，软腭上升，关闭鼻腔通路；气流从窄缝中挤出，摩擦成声。普通话中有6个擦音声母，分别是f、h、x、sh、r、s。

④ 鼻音：发音时，口腔中构成阻碍的两个部分完全闭塞，软腭下垂，打开鼻腔通路；声带振动，气流从鼻腔中通过成声。普通话中有2个鼻音声母，分别是m、n。

⑤ 边音：发音时，舌尖与上齿龈接触，使口腔中间的通道阻塞；声带振动，气流从舌头两边的空隙通过成声。普通话中只有1个边音声母——l。

表2-1　辅音声母总表

发音部位	塞音		塞擦音		擦音		鼻音	边音
	清音		清音		清音	浊音	浊音	浊音
	不送气音	送气音	不送气音	送气音				
双唇音	b	p					m	
唇齿音					f			
舌尖前音			z	c	s			
舌尖中音	d	t					n	l
舌尖后音			zh	ch	sh	r		
舌面前音			j	q	x			
舌面后音	g	k			h			

提　示

按突破阻碍的气流强弱分类，塞音和塞擦音声母又可分为以下两种（见表2-1）：

① 送气音：发音时，口腔呼出的气流明显。普通话中有6个送气音声母，分别是p、t、k、q、ch、c。

② 不送气音：发音时，口腔呼出的气流相对较弱。普通话中有6个不送气音声母，分别是b、d、g、j、zh、z。

(2) 声带是否振动

按声带是否振动分类，辅音声母可分为以下两种（见表 2-1）：

① 清音：发音时声门（声带开合处）敞开，气流通过时声带不振动。普通话中有 17 个清音声母，分别是 b、p、f、d、t、g、k、h、j、q、x、zh、ch、sh、z、c、s。

② 浊音：发音时声门闭合，声带随着气流的挤出而振动。普通话中有 4 个浊音声母，分别是 m、n、l、r。

（二）辅音声母的发音

学习了声母分类的相关知识后，学生应该对声母的发音规则有了大致的了解。然而，要想学好普通话的发音，还必须掌握每个声母的发音要领，做到“咬得准、发得清”。

1. b：双唇不送气清塞音

发音要领：双唇闭合，同时软腭上升，关闭鼻腔通路；气流到达双唇后蓄气；凭借积蓄在口腔中的气流突然打开双唇成声。

b、p、m 的发音

例词：颁布 bānbù　　板报 bǎnbào　　褒贬 bāobiǎn

步兵 bùbīng　　标本 biāoběn　　辨别 biànbié

2. p：双唇送气清塞音

发音要领：成阻和持阻阶段与 b 相同，不同的是，除阻时声门开启，从肺部呼出一股较强的气流成声。

例词：批评 pīpíng　　偏旁 piānpáng　　乒乓 pīngpāng

匹配 pǐpèi　　瓢泼 piáopō　　偏僻 piānpì

3. m：双唇浊鼻音

发音要领：双唇闭合，软腭下垂，打开鼻腔通路；声带振动，气流同时到达口腔和鼻腔，在口腔的双唇处受到阻碍，气流从鼻腔通过成声。

例词：麦苗 màimiáo　　眉目 méimù　　门面 ménmian

磨灭 mómiè　　命名 mìngmíng　　迷茫 mímáng

4. f：唇齿清擦音

发音要领：下唇向上门齿靠拢，形成间隙；软腭上升，关闭鼻腔通路；气流从齿唇形成的间隙摩擦通过而成声。

f 的发音

例词：发奋 fāfèn　　反复 fǎnfù　　方法 fāngfǎ

仿佛 fǎngfú　　肺腑 fèifǔ　　丰富 fēngfù

5. d：舌尖中不送气清塞音

发音要领：舌尖抵住上齿龈，形成阻塞；软腭上升，关闭鼻腔通路；气流到达口腔后蓄气，突然解除阻塞成声。

d、t、n、l 的发音

例词：达到 dádào　带动 dàidòng　单调 dāndiào
当初 dāngchū　道德 dàodé　等待 děngdài

6. t：舌尖中送气清塞音

发音要领：成阻和持阻阶段与 d 相同，不同的是，除阻时声门开启，从肺部呼出一股较强的气流成声。

例词：谈吐 tántǔ　探讨 tàntǎo　淘汰 táotài
体贴 tǐtiē　团体 tuántǐ　妥帖 tuǒtiē

7. n：舌尖中浊鼻音

发音要领：舌尖抵住上齿龈，形成阻塞；软腭下垂，打开鼻腔通路；声带振动，气流同时到达口腔和鼻腔，在口腔受到阻碍，气流从鼻腔通过成声。

例词：奶牛 nǎiniú　男女 nánnǚ　恼怒 nǎonù
能耐 néngnai　泥泞 nínìng　农奴 nóngnú

8. l：舌尖中浊边音

发音要领：舌尖抵住上齿龈后部，阻塞气流从口腔中路通过；软腭上升，关闭鼻腔通路，声带振动；气流到达口腔后从舌头两侧通过而成声。

例词：拉力 lālì　利落 lìluo　流利 liúlì
履历 lǚlì　罗列 luóliè　轮流 lúnliú

9. g：舌面后不送气清塞音

发音要领：舌面后部隆起，抵住硬腭和软腭交界处，形成阻塞；软腭上升，关闭鼻腔通路；气流在形成阻塞的部位后积蓄，突然解除阻塞而成声。

例词：杠杆 gànggǎn　高贵 gāoguì　更改 gēnggǎi
观光 guānguāng　灌溉 guàngài　光顾 guānggù

g、k、h 的发音

10. k：舌面后送气清塞音

发音要领：成阻和持阻阶段与 g 相同，不同的是，除阻时声门开启，从肺部呼出一股较强的气流成声。

例词：开垦 kāikěn　苛刻 kēkè　刻苦 kèkǔ
空旷 kōngkuàng　宽阔 kuānkuò　困苦 kùnkǔ

11. h：舌面后清擦音

发音要领：舌面后部隆起，接近硬腭和软腭的交界处，形成间隙；软腭上升，关闭鼻腔通路，使气流从形成的间隙摩擦通过而成声。

例词：航海 hánghǎi　呼唤 hūhuàn　花卉 huāhuì
谎话 huǎnghuà　挥霍 huīhuò　悔恨 huǐhèn

12. j：舌面前不送气清塞擦音

发音要领：舌尖抵住下齿背，使舌面前部贴紧硬腭；软腭上升，关闭鼻腔通路；在阻塞部位后面积蓄气流；解除阻塞时，在形成阻塞的部位之间保持适度的间隙，使气流从间隙通过而成声。

j、q、x 的发音

例词：积极 jījí　　家具 jiājù　　坚决 jiānjué

讲解 jiǎngjiě　　捷径 jiéjìng　　军舰 jūnjiàn

13. q：舌面前送气清塞擦音

发音要领：成阻阶段与 j 相同，不同的是当舌面前部与硬腭前部分离形成适度间隙时，声门开启，从肺部呼出一股较强的气流成声。

例词：齐全 qíquán　　恰巧 qiàqiǎo　　亲切 qīnqiè

情趣 qíngqù　　请求 qǐngqiú　　缺勤 quēqín

14. x：舌面前清擦音

发音要领：舌尖抵住下齿背，使舌面前部接近硬腭前部，形成适度的间隙；舌尖下垂，上下齿对紧，气流从空隙通过而成声。

例词：喜讯 xǐxùn　　现象 xiànxiàng　　学习 xuéxí

心胸 xīnxiōng　　行星 xíngxīng　　选修 xuǎnxiū

15. zh：舌尖后不送气清塞擦音

发音要领：舌头前部上抬，抵住硬腭前端；同时软腭上升，关闭鼻腔通路，在形成阻塞的部位后积蓄气流；解除阻塞时，在形成阻塞的部位之间保持适度的间隙，使气流从间隙通过而成声。

zh、ch、sh、r 的发音

例词：战争 zhànzhēng　　真正 zhēnzhèng　　政治 zhèngzhì

支柱 zhīzhù　　制止 zhìzhǐ　　周转 zhōuzhuǎn

16. ch：舌尖后送气清塞擦音

发音要领：成阻阶段与 zh 相同，不同的是，除阻时声门开启，从肺部呼出一股较强的气流成声。

例词：超产 chāochǎn　　抽查 chōuchá　　橱窗 chúchuāng

戳穿 chuōchuān　　驰骋 chíchěng　　充斥 chōngchì

17. sh：舌尖后清擦音

发音要领：舌头前部上抬，接近硬腭前端，形成适度的间隙；同时软腭上升，关闭鼻腔通路；使气流从间隙摩擦通过而成声。

例词：赏识 shǎngshí　　少数 shǎoshù　　设施 shèshī

神圣 shénshèng　　事实 shìshí　　舒适 shūshì

18. r：舌尖后浊擦音

发音要领：发音部位与 sh 相同，不同的是，发音时声带振动，摩擦轻微。

例词：忍让 rěnràng　　仍然 réngrán　　荣辱 róngrǔ
　　　如若 rúruò　　软弱 ruǎnruò　　闰日 rùnrì

19. z：舌尖前不送气清塞擦音

发音要领：舌尖抵住上门齿背形成阻塞，在形成阻塞的部位后积蓄气流；同时软腭上升，关闭鼻腔通路；除阻时，形成阻塞的部位之间保持适度的间隙，使气流从间隙通过而成声。

z、c、s 的发音

例词：在座 zàizuò　　造作 zàozuo　　自尊 zìzūn
　　　总则 zǒngzé　　祖宗 zǔzong　　罪责 zuìzé

20. c：舌尖前送气清塞擦音

发音要领：成阻阶段与 z 相同，不同的是，除阻时声门开启，从肺部呼出一股较强的气流成声。

例词：猜测 cāicè　　残存 cáncún　　仓促 cāngcù
　　　从此 cóngcǐ　　催促 cuīcù　　措辞 cuòcí

21. s：舌尖前清擦音

发音要领：舌尖接近上齿背，形成间隙；同时软腭上升，关闭鼻腔通路；气流从间隙摩擦通过成声。

例词：洒扫 sǎsǎo　　松散 sōngsǎn　　诉讼 sùsòng
　　　琐碎 suǒsuì　　思索 sīsuǒ　　速算 sùsuàn

二、零声母

除了 21 个辅音声母，普通话语音中还有零声母。零声母即没有声母，以元音（a、o、e、i、u、ü）开头的音节。《汉语拼音方案》中规定，以 i、ü 和 u 开头的音节，在书写时要用 y 和 w 作为音节的开头（其中，以 ü 开头的音节要去掉两点再加 y）。

零声母

具体来说，零声母音节包括以下音节：

✓ 以 a 开头：a　ai　an　ang　ao
✓ 以 o 开头：o　ou
✓ 以 e 开头：e　en　er　eng
✓ 以 i 开头：ya　yan　yang　yao　ye　yi　yin　ying　yo　yong　you
✓ 以 u 开头：wa　wai　wan　wang　wei　wen　weng　wo　wu
✓ 以 ü 开头：yu　yuan　yue　yun

例词：恩爱 ēn'ài　　偶尔 ǒu'ěr　　额外 é'wài
　　　洋溢 yángyì　　谣言 yáoyán　　医药 yīyào
　　　万物 wànwù　　忘我 wàngwǒ　　威望 wēiwàng

任务二 掌握声母分辨的方法

一、分辨 n、l 及 r

（一）分辨 n 和 l

分辨 n 和 l

普通话语音中的 n 和 l 是相对立的音位（一种语言中能够区别意义的最简单的语音单位），其发音有明显的区别。但在很多方言中，人们无法正确区分 n 和 l，例如，他们常把“男子（nánzǐ）”说成“篮子（lánzǐ）”，“脑子（nǎozi）”说成“老子（lǎozi）”。这主要是两个原因造成的：一是不能从发音上辨音；二是不知道哪些字的声母是 n，哪些字的声母是 l。

针对这两个问题，可采用以下两种方法解决：

1. 读准 n 和 l

n 和 l 发音的不同体现在以下几个方面：一是发音部位有细微差异，发 l 时舌位稍靠后，发 n 时舌位略靠前；二是舌尖与上齿龈的接触面大小不同，发 l 时的接触面要小于 n；三是舌尖的运动方式不同，发 l 时舌尖有一个从后向前弹出的动作，发 n 时舌尖有一个向前挤压的动作；四是听感不同，l 的发音清晰、干净，发 n 时由于伴有鼻腔共鸣，所以给人的听感相对混浊。

要读准 n 和 l，关键在于控制鼻音。发 n 时，舌尖及舌边均上抬，顶住上齿龈，软腭下降，气流从鼻腔流出，形成鼻音；发 l 时，舌尖前端上抬顶住齿龈（不顶满），舌尖两边与硬腭的两侧保持适当的间隙，软腭上升堵住鼻腔通路，气流从舌尖两边流出，形成边音。

为了发准 n 和 l 的音，可采用以下方法练习：

① n：在声母 n 的前面加一个用 n 作韵尾的音节，两字连读，可借助上一音节所形成的 n 韵尾，来发准后一个音节的声母 n。

例词：看哪 kàn nǎ　　　　新年 xīnnián

② l：在声母 l 的前面加一个 ge 或 ke 的音节，借 g、k 发音时的舌根抬高来限制软腭下降，使自己不便于发鼻音而发边音。

例词：各类 gè lèi　　　　颗粒 kēlì

趣味小案例

有一位来自南方的游客在公园打听“缆车”在哪个位置，碰到的热心人都为他指引了一番，可是每次找到的位置都不对，他只好憋红着脸一问再问。原来，他想找的是“男厕”。

2. 记住易混淆字的读音

读准 n 和 l 只是第一步，接着还要弄清在普通话里哪些字的声母是 n，哪些字的声母是 l。下面 3 种方法可以帮助学生辨别和记忆。

（1）形声字声旁类推法

形声字在汉字里占有很大比例，其声旁一般能代表字音，因而可以用声旁类推出很多字的读音。例如，“尼”字的声母是“n”，那么，以“尼”为声旁的字如“泥、呢、妮”等的声母都是“n”；“里”字的声母是“l”，那么，以“里”为声旁的字如“理、厘、狸”等的声母都是“l”。通过该方法，学生只需要记住一些代表字，就能类推出其他与之声旁相似字的读音，具体内容如表 2-2 所示。

表 2-2 n、l 声旁代表字类推表

声母	代表字	类推字	代表字	类推字
n	nà 那	nǎ 哪；nuó 挪，娜（婀～）	niē 捏	niè 涅
	nǎi 乃	nǎi 奶	niè 聂	niè 镊，蹑
	nài 奈	nà 捺	níng 宁	níng 拧，咛，狞，柠；nìng 泞
	nán 南	nán 喃，楠；nǎn 蝻	niǔ 纽	niū 妞；niǔ 扭，钮
	nǎo 脑	nǎo 瑙，恼	nóng 农	nóng 浓，脓
	nèi 内	nè 讷；nà 呐，衲，钠	nú 奴	nú 孥，驽；nǔ 努；nù 怒
	ní 尼	ní 泥，呢	nuò 诺	nì 匿
	ní 倪	ní 霓	nuò 懦	nuò 糯
	niàn 念	niǎn 捻	nüè 虐	nüè 疟
l	là 剌	lǎ 喇；là 辣，瘌	liáng 凉	liàng 谅，晾；lüè 掠
	là 腊	là 蜡；liè 猎	liǎng 两	liǎng 俩（伎～）；liàng 辆；liǎ 俩
	lài 赖	lài 癞，籁；lǎn 懒	liè 列	liě 咧；liè 裂，烈；lì 例
	lán 兰	lán 拦，栏；làn 烂	lín 林	lín 淋，琳，霖；lán 婪
	lán 蓝	lán 篮；làn 滥	lín 粼	lín 嶙，璘，磷，麟
	lǎn 览	lǎn 揽，缆，榄	lìng 令	líng 伶，玲，铃，羚，聆，龄；lǐng 岭，领；lěng 冷；lín 邻；lián 怜
	láo 劳	lāo 捞；láo 痨；lào 涝	líng 菱	líng 陵，凌；léng 棱
	lè 乐	lì 砾	liú 留	liū 溜；liú 馏，榴，瘤
	léi 雷	léi 擂，镭；lěi 蕾	liú 流	liú 琉，硫
	lèi 累	luó 骡，螺	liǔ 柳	liáo 聊
	lǐ 里	lí 厘，狸；lǐ 理，鲤；liàng 量	lóng 龙	lóng 咙，聋，笼；lǒng 陇，垄，拢
	lì 利	lí 梨，犁；lì 俐，痢	lóng 隆	lóng 窿，癃
	lí 离	lí 篱，璃	lóu 娄	lóu 喽，楼；lǒu 搂，篓；lǚ 缕，屡
	lì 立	lì 粒，笠；lā 拉，垃，啦	lǔ 鲁	lǔ 橹
	lì 厉	lì 励	lù 录	lù 禄，碌；lǜ 绿，氯

续表

声母	代表字	类推字	代表字	类推字
l	lì 力	lì 荔；liè 劣；lèi 肋；lè 勒	lù 鹿	lù 辘
	lì 历	lì 沥	lù 路	lù 鹭，露
	lián 连	lián 莲，鲢；liàn 链	lù 戮	liáo 寥；liǎo 蓼；liào 廖
	lián 廉	lián 濂，镰	lún 仑	lūn 抡；lún 伦，沦，囵，轮；lùn 论
	liǎn 脸	liǎn 敛；liàn 殓	luó 罗	luō 啰；luó 逻，萝，锣，箩
	liàn 练	liàn 炼	luò 洛	luò 落，络，骆；lào 烙，酪；lüè 略
	liàn 恋	luán 孪，鸾，滦	lǚ 吕	lǚ 侣，铝
	liáng 良	liáng 粮；láng 郎，廊，狼	lǜ 虑	lǜ 滤

（2）声韵拼合规律类推法

普通话中，n 基本上不与 in 相拼，只有一个“您（nín）”字例外。因此，韵母是 in 的其他字，其声母都是 l。

韵母 ou、un 只和 l 相拼，不能和 n 相拼，只有一个“耨（nòu）”字例外。由此可以判断“楼、漏、陋、论”等字的声母都是 l。

（3）记少不记多法

在字表中，以 n 为声母的字比以 l 为声母的字少。因此，记住以 n 为声母的字后，就可以大胆地类推以 l 为声母的字。

（二）分辨 r 和 l

有的方言中没有声母 r，如吴方言、闽方言。这些方言区的人常把声母中的 r 读作 l，如把“天然（tiānrán）”读作“天蓝（tiānlán）”，“绒的（róng de）”读作“聋的（lóng de）”，“入口（rùkǒu）”读作“路口（lùkǒu）”等。这些方言区的人学习普通话时，要注意掌握“r”的发音特点。

分辨 r 和 l

二、分辨 zh、ch、sh 和 z、c、s

（一）掌握平舌和翘舌的发音方法

分辨 zh、ch、sh 和 z、c、s

平舌和翘舌两组声母的区别在于发音时舌头的运动方式不同：发平舌音时，舌尖平伸；发翘舌音时，舌尖向上、向后翘。吴方言、闽方言、客家方言等方言中都只有平舌音而无翘舌音，因此，这些方言区的人在练习普通话时尤其要注意翘舌音的发音方法。要发好翘舌音，必须找准发音部位，即舌尖上翘，抵住或接近硬腭前部。

有一些人虽然学会了发翘舌音，但是发音不准，主要表现在以下两个方面：① 发音部位偏前，即舌尖着力点不在前硬腭上，而在上齿龈的位置；② 发音部位靠后，即舌尖过于后卷或舌尖接触前硬腭的面积过大，听起来语音含糊不清，缺乏清晰感。

（二）记住易混淆字的读音

掌握平舌和翘舌两组声母的发音方法只是第一步，接着还要弄清在普通话里哪些字的声母是平舌音，哪些字的声母是翘舌音。下面两种方法可以帮助学生辨别和记忆。

1. 记少不记多法

常用的汉字中，声母为 z、c、s 的字大大少于声母为 zh、ch、sh 的字。例如，音节为“sen”的字只一个，而音节为“shen”的字有 40 多个，其中常用字有 20 多个。因此，只需要记住“森”是平舌音，便可推知“申、沈、渗……”皆为翘舌音。

2. 声旁类推法

记住声母为平舌音的常用字，再借助形声字类推，也是区分平、翘舌音字的一个简便途径。例如，“曾（zēng）”是平舌音，由此可以推知以“曾”为声旁的“增、憎、赠”等都是平舌音；“周（zhōu）”是翘舌音，同理可以推知以“周”为声旁的“惆、稠、绸”等也都是翘舌音。

三、分辨 f 和 h

我国许多方言区的人都存在将 f 和 h 混读的现象。例如，闽方言区的人常常把声母为 f 的字读成声母为 h 的字，如把“开发（kāifā）”读成“开花（kāi huā）”，“理发（lǐ fà）”读成“理化（lǐhuà）”；而客家方言区的人常常把声母为 h 的字读成声母为 f 的字，如把“花卉（huāhuì）”读成“花费（huāfèi）”，“救护（jiùhù）”读成“舅父（jiùfù）”。

分辨 f 和 h

要学会 f 和 h 的正确发音，首先要了解两者在发音上的异同。f 和 h 都是清擦音，不同的是，f 是唇齿音，发音时必须让上齿与下唇接近；h 是舌面后音，发音时唇齿不接触，而是舌根与软腭接近。采用这种方法校正发音，同时记住一些代表字（代表字和类推字见表 2-3），就可以分辨 f 和 h 了。

表 2-3　f、h 声旁代表字类推表

声母	代表字	类推字	代表字	类推字
f	fū 夫	fū 肤，麸；fú 芙，扶	fán 凡	fān 帆；fán 矾
	fù 父	fǔ 斧，釜	fǎn 反	fǎn 返；fàn 饭，贩
	fù 付	fú 符；fǔ 府，俯，腑，腐；fù 附，咐	fān 番	fān 翻，幡，藩
	fú 弗	fú 拂，佛（仿～）；fó 佛；fèi 沸，费	fāng 方	fāng 芳；fáng 防，妨，房，肪；fǎng 仿，访，纺；fàng 放

续表

声母	代表字	类推字	代表字	类推字
f	fú 伏	fú 茯，袱	fá 乏	fàn 泛
	fǔ 甫	fū 敷；fǔ 辅；fù 傅，缚	fā 发	fèi 废
	fú 孚	fū 孵；fú 俘，浮	fá 伐	fá 阀，筏
	fù 复	fù 腹，馥，覆	fēng 风	fēng 枫，疯；fěng 讽
	fú 福	fú 幅，辐，蝠；fù 副，富	fēi 非	fēi 菲，啡，扉；fěi 诽，匪；fèi 痱
	fēn 分	fēn 芬，吩，纷；fěn 粉；fèn 份，忿	fēng 蜂	fēng 烽，锋，峰
h	hé 禾	hé 和	huī 挥	huī 辉；hún 浑
	huò 或	huò 惑	huǐ 悔	huì 诲，晦
	hù 户	hù 沪，护	huì 惠	huì 蕙
	hǔ 虎	hǔ 唬	hóng 红	hóng 虹
	hū 忽	hū 惚	hóng 洪	hōng 哄（～动），烘；hǒng 哄（～骗）；hòng 哄（起～）
	hú 胡	hú 湖，葫，糊，蝴	huái 怀	huài 坏；huán 还，环
	hú 狐	hú 弧	huàn 换	huàn 涣，唤，焕，痪
	huà 化	huā 花，哗（～啦啦）；huá 华（中～），哗（喧～）；huà 化，华（姓）；huò 货	hūn 昏	hūn 阍，婚
	huó 活	huà 话	hún 混	hún 馄；hùn 混（～合）
	huǒ 火	huǒ 伙	huāng 荒	huāng 慌；huǎng 谎
	huī 灰	huī 恢	huáng 皇	huáng 凰，惶，徨，蝗
	huí 回	huí 茴，蛔；huái 徊	huǎng 晃	huǎng 恍，幌；huàng 晃（～动）
	huì 会	huì 绘，烩	huáng 黄	huáng 璜，簧

趣味小案例

几位同学一起去 KTV 唱歌，小兰点了一首《分分秒秒》，打算在大家面前一展歌喉。她拿着麦克风对大家说："接下来，我为大家献上一首《昏昏秒秒》，让我们珍惜相处的昏昏秒秒。"同学们一听全乐了。

四、分辨 j、q、x 与 z、c、s

分辨 j、q、x 和 z、c、s

在粤方言、闽方言、湘方言和吴方言区，常出现将声母 z、c、s（或 zh、ch、sh）与 j、q、x 混用的情况，例如，闽方言区的人常把"自己（zìjǐ）"读成"jìjǐ"，"知道（zhīdào）"读成"机道（jīdào）"，"少数（shǎoshù）"读

成“小数（xiǎoshù）”等。

产生这种错误的原因是：z、c、s（或 zh、ch、sh）本是由舌尖抵住上齿背或硬腭前端形成阻塞而发声，而有些人在发声时用舌面前部贴近硬腭前部，导致发出的舌尖音带有舌面前音的色彩。

五、分辨不送气音和送气音

分辨不送气音和送气音

普通话里，声母 b—p，d—t，g—k，zh—ch，z—c，j—q 这几组音中，前者 b、d、g、zh、z、j 是不送气音，对应的 p、t、k、ch、c、q 是送气音。有些方言区的人不会发送气音，例如，将“跑（pǎo）了”说成“饱（bǎo）了”，将“佩（pèi）服”说成“被（bèi）服”。

其实，送气和不送气是相对而言的，没有不用气就可以发出的音素。发音时呼出的气流微弱的是不送气音，发音时用力喷出一口气的是送气音。在学习这些声母时，一定要注意区分两者的发音异同，并通过对比训练，掌握正确的发音。

六、读准零声母的字

读准零声母

普通话中，部分零声母的字（如鹅、爱、欧、袄、安等）在有些方言中被读成了有声母的字，大致情况如下：

① 在读以 a、o、e 开头的零声母音节时，常在前面加舌根鼻音或声母 n。例如，天津人将“爱（ài）”读成“nài”。纠正时，只要去掉前面的辅音，直接发元音即可。

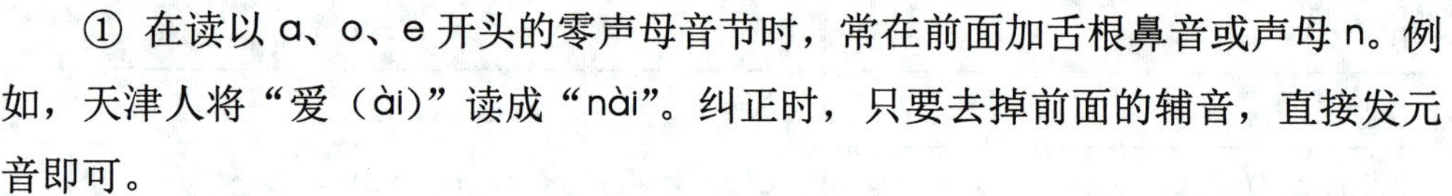

② 普通话中，合口呼（即发音时双唇呈圆形）的零声母字（如万、闻、物、尾、问等）在某些方言区被读成了声母为 v 的字。这些方言区的人在发音时，只要注意把双唇拢圆，不要让下唇和上齿接触，就可以改正。

课堂互动

在你的家乡话中，哪些声母的发音不符合普通话发音标准？请举例说明。说普通话时，你是如何纠正这些声母的发音的？

任务三 进行声母发音训练

一、按发音部位训练

（一）双唇音训练

b:

奔波 bēnbō　　摆布 bǎibù　　宝贝 bǎobèi

卑鄙 bēibǐ　　白布 báibù　　辨别 biànbié

按发音部位训练 1

p:

偏旁 piānpáng　　偏僻 piānpì　　批评 pīpíng

拼盘 pīnpán　　澎湃 péngpài　　乒乓 pīngpāng

m:

面貌 miànmào　　埋没 máimò　　麦苗 màimiáo

牧民 mùmín　　麻木 mámù　　明媚 míngmèi

（二）唇齿音训练

f:

方法 fāngfǎ　　肺腑 fèifǔ　　丰富 fēngfù

奋发 fènfā　　芬芳 fēnfāng　　反复 fǎnfù

（三）舌尖前音训练

z:

祖宗 zǔzong　　总则 zǒngzé　　藏族 Zàngzú

自尊 zìzūn　　造作 zàozuo　　罪责 zuìzé

c:

层次 céngcì　　苍翠 cāngcuì　　催促 cuīcù

粗糙 cūcāo　　参差 cēncī　　猜测 cāicè

s：

色素 sèsù　　琐碎 suǒsuì　　思索 sīsuǒ
松散 sōngsǎn　　四岁 sì suì　　速算 sùsuàn

（四）舌尖中音练习

d：

电灯 diàndēng　　当代 dāngdài　　大地 dàdì
单调 dāndiào　　道德 dàodé　　等待 děngdài

t：

团体 tuántǐ　　天堂 tiāntáng　　探讨 tàntǎo
淘汰 táotài　　忐忑 tǎntè　　滩涂 tāntú

n：

牛奶 niúnǎi　　南宁 Nánníng　　男女 nánnǚ
农奴 nóngnú　　泥泞 nínìng　　能耐 néngnai

l：

理论 lǐlùn　　流利 liúlì　　嘹亮 liáoliàng
轮流 lúnliú　　连累 liánlei　　来历 láilì

（五）舌尖后音训练

zh：

正直 zhèngzhí　　茁壮 zhuózhuàng　　政治 zhèngzhì
招展 zhāozhǎn　　主张 zhǔzhāng　　住宅 zhùzhái

按发音部位训练 2

ch：

车床 chēchuáng　　长城 Chángchéng　　驰骋 chíchěng
出产 chūchǎn　　出差 chūchāi　　充斥 chōngchì

sh：

身世 shēnshì　　山水 shānshuǐ　　生疏 shēngshū
上升 shàngshēng　　事实 shìshí　　施舍 shīshě

r：

柔软 róuruǎn　　仍然 réngrán　　忍让 rěnràng
荏苒 rěnrǎn　　容忍 róngrěn　　如若 rúruò

（六）舌面前音练习

j:

加紧 jiājǐn　　基金 jījīn　　积极 jījí

艰巨 jiānjù　　降价 jiàngjià　　交际 jiāojì

q:

亲切 qīnqiè　　乞求 qǐqiú　　前期 qiánqī

取巧 qǔqiǎo　　秋千 qiūqiān　　强权 qiángquán

x:

信息 xìnxī　　下乡 xià xiāng　　新鲜 xīnxiān

虚心 xūxīn　　详细 xiángxì　　现行 xiànxíng

（七）舌面后音练习

g:

更改 gēnggǎi　　公关 gōngguān　　规格 guīgé

挂钩 guàgōu　　古怪 gǔguài　　高贵 gāoguì

k:

开口 kāikǒu　　困苦 kùnkǔ　　坎坷 kǎnkě

可靠 kěkào　　宽阔 kuānkuò　　苛刻 kēkè

h:

豪华 háohuá　　后悔 hòuhuǐ　　浑厚 húnhòu

祸害 huòhai　　挥霍 huīhuò　　合伙 héhuǒ

二、对比发音训练

对比发音训练 1

（一）n、l 对比训练

无奈（nài）—无赖（lài）　　水牛（niú）—水流（liú）

男（nán）裤—蓝（lán）裤　　女（nǚ）客—旅（lǚ）客

脑（nǎo）子—老（lǎo）子　　年（nián）夜—连（lián）夜

浓（nóng）重—隆（lóng）重　　南（nán）部—蓝（lán）布

（二）l、r 对比训练

碧蓝（lán）—必然（rán）
阻拦（lán）—阻燃（rán）
卤（lǔ）制—乳（rǔ）汁
近路（lù）—进入（rù）

衰落（luò）—衰弱（ruò）
娱乐（lè）—余热（rè）
囚牢（láo）—求饶（ráo）
露（lòu）馅—肉（ròu）馅

（三）z、c、s 和 zh、ch、sh 对比训练

自（zì）愿—志（zhì）愿
私（sī）人—诗（shī）人
仿造（zào）—仿照（zhào）
早（zǎo）到—找（zhǎo）到
资（zī）助—支（zhī）柱
新村（cūn）—新春（chūn）
资（zī）源—支（zhī）援
从（cóng）来—重（chóng）来

鱼刺（cì）—鱼翅（chì）
粗（cū）布—初（chū）步
姿（zī）势—知（zhī）识
近似（sì）—近视（shì）
搜（sōu）集—收（shōu）集
增（zēng）订—征（zhēng）订
木材（cái）—木柴（chái）

（四）f、h 对比训练

舅父（fù）—救护（hù）
费（fèi）率—汇（huì）率
防（fáng）虫—蝗（huáng）虫
复（fù）员—护（hù）援

公费（fèi）—工会（huì）
斧（fǔ）头—虎（hǔ）头
奋（fèn）战—混（hùn）战
方（fāng）地—荒（huāng）地

对比发音训练 2

（五）zh、ch、sh 和 j、q、x 对比训练

墨汁（zhī）—墨迹（jì）
阐（chǎn）明—浅（qiǎn）明
确实（shí）—缺席（xí）
翔实（shí）—详细（xì）

交织（zhī）—交际（jì）
专长（cháng）—砖墙（qiáng）
获释（shì）—获悉（xī）

（六）不送气音和送气音对比训练

败（bài）兵—派（pài）兵
部（bù）位—铺（pù）位
淡（dàn）化—碳（tàn）化
米缸（gāng）—米糠（kāng）
工（gōng）地—空（kòng）地

鼻（bí）子—皮（pí）子
毒（dú）药—涂（tú）药
肚（dù）子—兔（tù）子
怪（guài）事—快（kuài）事
匠（jiàng）人—呛（qiàng）人

净（jìng）利—庆（qìng）历

直（zhí）到—迟（chí）到

侄（zhí）子—池（chí）子

在（zài）场—菜（cài）场

坚（jiān）强—牵（qiān）强

站（zhàn）着—颤（chàn）着

座（zuò）位—错（cuò）位

自（zì）序—次（cì）序

（七）零声母辨音训练

爱（ài）心—耐（nài）心

傲（ào）气—闹（nào）气

疑（yí）团—泥（ní）团

每晚（wǎn）—美满（mǎn）

海岸（àn）—海难（nàn）

余味（wèi）—愚昧（mèi）

文（wén）风—门（mén）风

万（wàn）丈—幔（màn）帐

课堂互动

请同学们朗读以下5组词，并说说你是如何分辨它们的声母的？

① 留念—留恋　② 收录—收入　③ 刺刀—知道　④ 黄蜂—防风　⑤ 毕竟—僻静

三、绕口令训练

下面练习中“一”“不”字发生变读的，标的是变读后的音调。

b—p：

八百标兵奔北坡，（Bābǎi biāobīng bèn běipō，）

炮兵并排北边跑，（Pàobīng bìngpái běibiān pǎo，）

炮兵怕把标兵碰，（Pàobīng pà bǎ biāobīng pèng，）

标兵怕碰炮兵炮。（Biāobīng pà pèng pàobīng pào.）

p—t：

吃葡萄不吐葡萄皮儿，（Chī pútao bù tǔ pútaopír，）

不吃葡萄倒吐葡萄皮儿。（Bù chī pútao dào tǔ pútaopír.）

绕口令训练

d：

你会炖我的炖冻豆腐，（Nǐ huì dùn wǒ de dùn dòngdòufu，）

来炖我的炖冻豆腐，（Lái dùn wǒ de dùn dòngdòufu，）

你不会炖我的炖冻豆腐，（Nǐ búhuì dùn wǒ de dùn dòngdòufu，）

就别炖我的炖冻豆腐。（Jiù bié dùn wǒ de dùn dòngdòufu.）

要是混充会炖我的炖冻豆腐，（Yàoshì hùnchōng huì dùn wǒ de dùn dòngdòufu，）

炖坏了我的炖冻豆腐，（Dùnhuàile wǒ de dùn dòngdòufu，）

那就吃不成我的炖冻豆腐。（Nà jiù chī bùchéng wǒ de dùn dòngdòufu.）

n—l：

男旅客穿着蓝上装，（Nán lǚkè chuānzhe lán shàngzhuāng，）
女旅客穿着呢大衣，（Nǚ lǚkè chuānzhe nídàyī，）
男旅客扶着拎篮子的老大娘，（Nán lǚkè fúzhe līn lánzi de lǎodàniáng，）
女旅客搀着拿笼子的小男孩儿。（Nǚ lǚkè chānzhe ná lóngzi de xiǎonánháir.）

f—h：

门前一堆肥，（Mén qián yì duī féi，）
门后一堆灰。（Mén hòu yì duī huī.）
肥和灰，灰和肥，（Féi hé huī，huī hé féi，）
不知是肥肥过灰，（Bùzhī shì féi féiguò huī，）
还是灰肥过肥。（Háishì huī féiguò féi.）

s—sh：

四是四，十是十。（Sì shì sì，shí shì shí.）
十四是十四，（Shísì shì shísì，）
四十是四十。（Sìshí shì sìshí.）
谁说十四是四十，（Shuí shuō shísì shì sìshí，）
或说四十是十四，（Huò shuō sìshí shì shísì，）
轻者造误会，（Qīngzhě zào wùhuì，）
重者误大事。（Zhòngzhě wù dàshì.）

j—q—x：

七巷一个漆匠，（Qī Xiàng yí gè qījiàng，）
西巷一个锡匠，（Xī Xiàng yí gè xījiàng，）
七巷漆匠偷了西巷锡匠的锡，（Qī Xiàng qījiàng tōule Xī Xiàng xījiàng de xī，）
西巷锡匠偷了七巷漆匠的漆。（Xī Xiàng xījiàng tōule Qī Xiàng qījiàng de qī.）

朗读《闻官军收河南河北》，进行舌尖前音 z、c、s 与舌尖后音 zh、ch、sh、r 的辨读训练，同时体会诗人杜甫真挚的爱国情怀和崇高的精神境界。

《闻官军收河南河北》

杜甫

剑外忽传收蓟北，初闻涕泪满衣裳。
却看妻子愁何在，漫卷诗书喜欲狂。
白日放歌须纵酒，青春作伴好还乡。
即从巴峡穿巫峡，便下襄阳向洛阳。

【实战演练】

声母辨读比赛

活动目的

掌握声母的发音辨正方法，力求使自己的声母发音准确、规范。

活动描述

全班学生以小组为单位，开展“声母辨读比赛”。活动的组织人员、评分和奖项安排如下。

（1）组织人员。首先从全班学生中选出1名主持人和2名记分员分别负责主持和记分工作，然后将余下学生分成若干组，每组选出1名组长和1名记录员。

（2）评委。本组外的其他组组长担任评委。

（3）评分规则。评分时，除去评分中的最高分和最低分，取剩余评分的平均分作为比赛结果，并按平均分的高低排出名次。

（4）奖项设置。比赛设一等奖1名、二等奖2名，三等奖3名，由教师根据情况适当设置奖品。

活动分组

全班学生每 4～6 人为一组，各组选出组长并进行任务分工，将小组成员及分工情况填入表 2-4 中。

表 2-4　小组成员及分工情况

班级：__________　　组号：__________　　指导教师：__________

小组成员	姓名	学号	任务分工
组长			
组员			

活动实施

各组按照小组分工情况开展实践活动，并将具体的实施情况记录在表 2-5 中。

表 2-5　实施情况记录表

<table>
<tr><th>时间安排</th><th>实施步骤</th></tr>
<tr><td></td><td>1．每人准备 1 组声母易错词和 1 组绕口令（参考如下）
声母易错词
搀扶　嫩绿　惊愕　梨子　忠厚
淳朴　拙笨　年夜　蓝布　甩手
惊愕　娘娘　执拗　辛劳　琢磨
书桌　笑脸　南部　凉爽　粗犷
绕口令
谭老汉买蛋和炭
谭家谭老汉，挑担到蛋摊，买了半担蛋，挑担到炭摊，买了半担炭，满担是蛋炭。老汉忙回赶，回家炒蛋饭。进门跨门槛，脚下绊一绊，跌了谭老汉，破了半担蛋，翻了半担炭，脏了木门槛。老汉看一看，急得满头汗，连说怎么办，蛋炭完了蛋，老汉怎吃蛋炒饭。</td></tr>
<tr><td></td><td>2．组内模拟比赛
各组对小组成员准备的易错词和绕口令进行编号，每人随机抽取，并朗读抽到的内容，由记录员记录模拟比赛情况。（如果抽到自己准备的内容，须放回编号，重新抽取。）</td></tr>
<tr><td></td><td>3．班内进行比赛
① 每组提供 1 组易错词和 1 组绕口令作为比赛朗读材料。
② 各小组现场抽签决定比赛顺序。
③ 按照抽签顺序进行比赛。所有易错词的朗读时间不能超过 90 秒，所有绕口令的朗读时间不能超过 3 分钟。</td></tr>
</table>

续表

时间安排	实施步骤
	④ 比赛评分。各组组长对比赛进行评分，评分标准如表 2-6 所示。
	4. 总结经验 各组成员讨论参赛选手在此次比赛中的综合表现，并总结声母辨读的相关经验。

表 2-6　评分标准

评价项目	评分标准	分值	得分
易错词辨正	字词发音每错 1 处扣 1 分	20 分	
	应在 90 秒内完成，每超出 5 秒扣 1 分，扣完 10 分为止	10 分	
	吐字清晰，表达流畅，语音节奏富于变化	10 分	
绕口令速读	声母发音每错 1 处扣 1 分	30 分	
	应在 3 分钟内完成，每超出 5 秒扣 1 分，扣完 10 分为止	10 分	
	吐字清晰，表达流畅，语音节奏富于变化	20 分	
合　计		100 分	

【项目考核】

各组成员结合课前、课中和课后的学习情况，按照表 2-7 的评价标准对该项目的学习效果进行自评和互评，并请老师进行总体评价。

表 2-7　项目考核评价表

考核内容	评价标准	分值	评价得分		
			自评	互评	师评
知识与技能考核（40%）	能够阐述声母的分类	10 分			
	能够分辨不同的声母	10 分			
	能够准确地认读每个声母	10 分			
	能够熟练地朗读含有声母的字、词和绕口令等	10 分			

续表

考核内容	评价标准	分值	评价得分		
			自评	互评	师评
过程与方法考核（20%）	课前积极预习本项目的内容	5 分			
	课中认真听讲，并积极参与课堂互动	5 分			
	课后主动复习所学知识，并积极参与“实战演练”活动	5 分			
	积极地与老师、同学交流声母的分辨及发音方法，并懂得归纳总结	5 分			
综合素养考核（40%）	自觉发现自己普通话声母发音的不足之处，并有针对性地进行改正	10 分			
	具有良好的学习态度和正确的学习方法	10 分			
	具有团队精神，能够积极地与他人合作	10 分			
	感受中国汉字、语言之美，弘扬优秀传统文化	10 分			
总评	自评（30%）+互评（30%）+师评（40%）=	教师（签名）：			

项目三

韵母——让字音圆润动听

【引言】

在生活中，人们都喜欢听那些圆润饱满、悦耳动听的发音，不喜欢听干瘪无力、含混不清的发音。前者能给人温暖、热情的感觉，后者则会使人感觉寡淡无味。这种差异产生的关键在于韵母，因为韵母的发音特点就是响亮、圆润。所以，要想发音响亮、圆润，就要学好韵母的发音。

【学习清单】

完成一项学习任务后，请在对应的方框中打“√”。

课前预习

- □ 1. 用普通话朗读《扔草帽》《陈庄城和程庄城》《画蛤蟆帽》，感受韵母的发音，并与同学相互评价朗读效果。
- □ 2. 通过查阅书籍或普通话讲解视频，了解韵母的发音及训练方法。

课中学习

- □ 1. 了解韵母的结构、分类及发音。
- □ 2. 掌握分辨韵母的技巧。
- □ 3. 通过基本发音训练、对比辨音训练、绕口令练习，训练韵母的发音技能。

课后实践

- □ 1. 积极地参加韵母发音训练活动（如听音辨音训练、辨读训练、绕口令训练等），提升韵母发音技能。
- □ 2. 学以致用，在实践活动中运用韵母的发音技巧，并与同学交流韵母发音的训练方法。

素养培育

- □ 1. 感受汉语独特的音韵美，增强对民族文化的自豪感及热爱之情。
- □ 2. 自觉增强推广普通话的责任感、使命感和紧迫感，为全社会普及普通话发挥带头作用，切实为铸牢中华民族共同体意识夯基固本。

【知识讲堂】

任务一　了解韵母的结构、分类及发音

一、韵母的结构

韵母是指汉语音节中声母后面的部分。例如，音节“得（dé）”中，d 是声母，e 是韵母。在没有声母的情况下，韵母可以自成音节，即零声母音节，如“袄（ǎo）”“望（wàng）”等。韵母是音节的主要部分，一个音节可以没有声母，但绝不能没有韵母。

韵母由韵头（又称介音）、韵腹（又称主要元音）、韵尾三个部分组成。韵头位于主要元音前，发音轻而短，只由 i、u、ü 三个元音充当；韵腹是韵母里的主要元音，它的发音最响亮，开口度最大，在任何一个音节里，韵腹都是必不可少的，常充当韵腹的元音有 a、o、e、ê、i、u、ü、er、-i（前）、-i（后）；韵尾是指韵腹后面的音素，由元音 i、u（o）和鼻辅音 n、ng 充当。例如，音节“亮（liàng）”的韵母是 iang，其中 i 是韵头，a 是韵腹，ng 是韵尾。

二、韵母的分类

（一）按结构特点分类

按结构特点分类，韵母可分为单韵母、复韵母和鼻韵母。单韵母是由一个元音构成的韵母，共 10 个（包括 3 个特殊韵母）；复韵母是由两个或三个元音结合而成的韵母，共 13 个；鼻韵母是由一个或两个元音后面带上鼻辅音构成的韵母，共 16 个，具体如表 3-1 所示。

表 3-1　普通话韵母表

单韵母（10 个，其中特殊韵母 3 个）									
韵母	代表字	韵母	代表字	韵母	代表字	韵母	代表字	韵母	代表字
a	啊	o	喔	e	鹅	ê	欸	i	衣
u	乌	ü	迂	-i（前）	资	-i（后）	吃	er	儿
复韵母（13 个）									
韵母	代表字	韵母	代表字	韵母	代表字	韵母	代表字	韵母	代表字
ai	哀	ei	欸	ao	熬	ou	欧	ia	呀
ie	耶	ua	蛙	uo	窝	üe	约	iao	腰
iou	忧	uai	歪	uei	威				

续表

鼻韵母（16个）									
前鼻韵母（8个）									
韵母	代表字	韵母	代表字	韵母	代表字	韵母	代表字	韵母	代表字
an	安	en	恩	in	因	ün	晕	ian	烟
uan	弯	uen	温	üan	冤				
后鼻韵母（8个）									
韵母	代表字	韵母	代表字	韵母	代表字	韵母	代表字	韵母	代表字
ang	昂	eng	亨	ing	英	ong	轰	iang	央
uang	汪	ueng	翁	iong	雍				

（二）按发音口型分类

按发音口型分类，韵母可分为开口呼、齐齿呼、合口呼和撮口呼。

- ✓ 开口呼：包括 a、o、e、ê、er、-i（前）、-i（后）和以 a、o、e 开头的韵母，共 15 个。
- ✓ 齐齿呼：包括 i 和以 i 开头的韵母（如 iou、iao、ie、ia 等），共 9 个。
- ✓ 合口呼：包括 u、以 u 开头的韵母（如 ua、uo、uai、uei 等）和 ong，共 10 个。
- ✓ 撮口呼：包括 ü、以 ü 开头的韵母（如 üe、ün 等）和 iong，共 5 个。

三、韵母的发音

（一）单韵母的发音

单韵母主要依靠舌位和唇形的变化来发音。根据发音时舌头作用的不同，可将其分为舌面单元音（a、o、e、ê、i、u、ü）、舌尖单元音［-i（前）、-i（后）］和卷舌元音（er）三类。

1. 舌面单元音的发音

a：

a、o、e、ê的发音

发音要领：口大开，舌尖微离下齿背，舌面中部微微隆起和硬腭后部相对。发音时，声带振动，软腭上升，关闭鼻腔通路。

例词：打靶 dǎ bǎ　　大厦 dàshà　　发达 fādá
　　　马达 mǎdá　　喇叭 lǎba　　哪怕 nǎpà

o：

发音要领：上下唇自然拢圆，舌体后缩，舌面后部隆起和软腭相对，舌位介于半高半低之间。发音时，声带振动，软腭上升，关闭鼻腔通路。

例词：伯伯 bóbo　　婆婆 pópo　　默默 mòmò
　　　泼墨 pō mò　　菠萝 bōluó　　喔喔 wōwō

e：

发音要领：口半开，展唇，舌体后缩，舌面后部隆起和软腭相对，比发元音 o 时隆得略高且偏前。发音时，声带振动，软腭上升，关闭鼻腔通路。

例词：隔阂 géhé　　合格 hégé　　客车 kèchē
　　　特色 tèsè　　折射 zhéshè　　这个 zhè ge

ê：

发音要领：口自然打开，展唇，舌尖抵住下齿背，舌面前部隆起和硬腭前部相对。发音时，声带振动，软腭上升，关闭鼻腔通路。除语气词“欸”外，ê不能独立成音节，只能和元音 i、ü 构成复韵母 ie、üe。

例词：裂变 lièbiàn　　解体 jiětǐ　　切割 qiēgē
　　　绝技 juéjì　　雪白 xuěbái　　确实 quèshí

i：

发音要领：口微开，双唇呈扁平形，上下齿相对（齐齿），舌尖接触下齿背，舌面前部隆起和硬腭前部相对。发音时，声带振动，软腭上升，关闭鼻腔通路。

i、u、ü 的发音

例词：笔记 bǐjì　　激励 jīlì　　基地 jīdì
　　　记忆 jìyì　　霹雳 pīlì　　习题 xítí

u：

发音要领：双唇收拢成圆形，略向前突，舌体后缩，舌面后部隆起和软腭相对。发音时，声带振动，软腭上升，关闭鼻腔通路。

例词：补助 bǔzhù　　读物 dúwù　　辜负 gūfù
　　　瀑布 pùbù　　入伍 rùwǔ　　疏忽 shūhu

ü：

发音要领：双唇拢圆，略向前突，舌尖抵住下齿背，舌面前部隆起和硬腭前部相对。发音时，声带振动，软腭下降，关闭鼻腔通路。

例词：聚居 jùjū　　区域 qūyù　　屈居 qūjū
　　　须臾 xūyú　　序曲 xùqǔ　　语序 yǔxù

2. 舌尖单元音的发音

-i（前）、-i（后）、er 的发音

-i（前）：

发音要领：口微开，展唇，舌尖和上齿背相对，保持适当距离。发音时，声带振动，软腭上升，关闭鼻腔通路。这个韵母在普通话里只出现在声母 z、c、s 的后面。

例词：私自 sīzì　　此次 cǐ cì　　次子 cìzǐ
　　　恣肆 zìsì　　字词 zìcí　　孜孜 zīzī

-i（后）：

发音要领：口微开，展唇，舌面前部隆起和硬腭前部相对。发音时，声带振动，软腭上升，关闭鼻腔通路。这个韵母在普通话里只出现在声母 zh、ch、sh、r 的后面。

例词：实施 shíshī　　支持 zhīchí　　知识 zhīshi

制止 zhìzhǐ　　值日 zhírì　　试制 shìzhì

3. 卷舌元音的发音

er：

发音要领：口自然打开，舌位居中，舌前、中部上抬，舌尖向后卷，和硬腭前端相对。发音时，声带振动，软腭上升，关闭鼻腔通路。

例词：而且 érqiě　　儿歌 érgē　　耳朵 ěrduo

二胡èrhú　　二十èrshí　　儿童 értóng

（二）复韵母的发音

复韵母的发音有以下两个特点：

① 由前一个元音滑向后一个元音，发音过程中，气流不中断，口腔、舌位、唇形发生一系列连续变化，发出的语音浑然一体。例如，发 ai 时，从 a 到 i，舌位逐渐升高、前移，嘴唇逐渐展开。

② 各元音的发音响度不同。主要元音的发音口腔开度最大，声音最响亮，持续时间最长；其他元音发音轻短或含混不清。响度大的元音在前的，叫作前响复韵母；响度大的元音在后的，叫作后响复韵母；响度大的元音在中间的，叫作中响复韵母。

1. 前响复韵母的发音

普通话中的前响复韵母有 4 个：ai、ao、ei、ou。其发音特点是前响后轻。发音时，舌位都是由低向高滑动，开头的元音音素发音响亮清晰、时间较长，收尾的元音音素发音轻短模糊，只表示舌位滑动的方向。

ai：

发音要领：舌头前伸，舌尖接触下齿背，口打开，从起点音 a 开始，口腔渐闭，舌位向元音 i 的舌位方向滑动升高。

例词：爱戴 àidài　　采摘 cǎizhāi　　海带 hǎidài

开采 kāicǎi　　拍卖 pāimài　　灾害 zāihài

ai、ao、ei、ou 的发音

ao：

发音要领：舌头后缩，舌尖离开下齿背，口打开，从起点音 a 开始，舌位向元音 u（拼写时写作 o，实际发音接近 u）的舌位方向滑动升高，唇形渐圆。

例词：懊恼 àonǎo　　操劳 cāoláo　　高潮 gāocháo

骚扰 sāorǎo　　逃跑 táopǎo　　早操 zǎocāo

ei：

发音要领：舌头前伸，舌尖接触下齿背，口半开，从起点音 e 开始，舌位向元音 i 的舌位方向滑动升高。

例词：肥美 féiměi　　妹妹 mèimei　　配备 pèibèi
　　　累累 lěilěi　　蓓蕾 bèilěi

ou：

发音要领：舌头后缩，舌尖离开下齿背，口半开。起点音的舌位比单元音 o 略高、略前，然后舌位向元音 u 的舌位方向滑动升高。唇形始终为圆形，只是口渐闭。

例词：丑陋 chǒulòu　　兜售 dōushòu　　口头 kǒutóu
　　　漏斗 lòudǒu　　收购 shōugòu　　喉头 hóutóu

2. 后响复韵母的发音

普通话中的后响复韵母有 5 个：ia、ie、ua、uo、üe。它们的发音特点是前轻后响。发音时，舌位由高向低滑动，收尾的元音音素响亮清晰，开头的元音音素发音轻短，只表示舌位滑动的方向。

ia：

发音要领：由元音 i 开始，舌位向下、向后滑动，口渐开，到元音 a 止。i 的发音较短，a 的发音较长且响亮。

ia、ie 的发音

例词：假牙 jiǎyá　　恰恰 qiàqià　　压价 yājià
　　　下家 xiàjiā　　下达 xiàdá

ie：

发音要领：由元音 i 开始，舌位向下滑动至元音ê的舌位，舌尖始终不离开下齿背。

例词：结业 jiéyè　　贴切 tiēqiè　　铁屑 tiěxiè
　　　姐姐 jiějie　　歇业 xiēyè　　趔趄 lièqie

ua：

发音要领：由元音 u 开始，舌位向下滑动至元音 a 的舌位，唇形由圆渐展。

例词：挂花 guà huā　　耍滑 shuǎhuá　　呱呱 guāguā
　　　花袜 huā wà　　垮台 kuǎtái

uo：

发音要领：由元音 u 开始，舌位向下滑动至元音 o 的舌位，舌头始终后缩，唇形始终为圆形（开头最圆，结尾圆度略减），口的开度渐大。

ua、uo、üe 的发音

例词：错落 cuòluò　　硕果 shuòguǒ　　脱落 tuōluò
　　　哆嗦 duōsuo　　活捉 huózhuō

üe：

发音要领：由元音 ü 开始，舌位向下滑动至元音ê的舌位，舌尖始终与下齿背接触，唇形随着口的打开由圆渐展。

例词：雀跃 quèyuè　　约略 yuēlüè　　雪月 xuěyuè

决绝 juéjué　　绝学 juéxué　　略缺 lüèquē

3. 中响复韵母的发音

普通话中的中响复韵母共有 4 个：iao、iou、uai、uei。这些韵母的发音特点是舌位先由高向低滑动，再由低向高滑动。开头的元音音素发音不响亮、较短促，只表示舌位滑动的开始，在音节里特别是在零声母音节里，常伴有轻微的摩擦；中间的元音音素响亮清晰；收尾的元音音素轻短模糊，只表示舌位滑动的方向。

iao：

发音要领：在前响复韵母 ao 的前面加一个轻短的元音 i。发音时，舌位先降后升、由前至后，唇形逐渐拢圆。

iao、iou 的发音

例词：吊销 diàoxiāo　　疗效 liáoxiào　　巧妙 qiǎomiào

调料 tiáoliào　　逍遥 xiāoyáo　　苗条 miáotiao

iou：

发音要领：在前响复韵母 ou 的前面加一个轻短的元音 i。发音时，舌位先降后升、由前至后，唇形逐渐拢圆。

例词：久留 jiǔliú　　求救 qiújiù　　绣球 xiùqiú

优秀 yōuxiù　　悠久 yōujiǔ　　牛油 niúyóu

uai：

发音要领：在前响复韵母 ai 的前面加元音 u。发音时，舌位先降后升、由后至前，唇形渐展。

例词：外快 wàikuài　　怀揣 huáichuāi　　乖乖 guāiguāi

摔坏 shuāihuài　　踹坏 chuàihuài

uei：

发音要领：在前响复韵母 ei 的前面加元音 u。发音时，舌位先降后升、由后至前，唇形渐展。

uai、uei 的发音

例词：垂危 chuíwēi　　归队 guīduì　　悔罪 huǐzuì

追悔 zhuīhuǐ　　荟萃 huìcuì　　推诿 tuīwěi

提　示

iou、uei 在与声母相拼合时，韵腹 o、e 省写。

（三）鼻韵母的发音

鼻韵母是指带有鼻辅音的韵母，又称鼻音尾韵母。鼻韵母的发音有以下两个特点：

① 元音同后面的鼻辅音不是生硬地结合在一起的，而是一个有机的统一体。发音时，由元音的发音状态自然地向鼻辅音过渡，逐渐增加鼻音色彩。

② 鼻韵母的发音不是以鼻辅音为主，而是以元音为主，元音响亮清晰，鼻辅音的发音不太明显。

普通话中的鼻韵母有 16 个，按韵尾的不同可分为两类：以-n 作韵尾的称为前鼻韵母，包括 an、en、in、ün、ian、uan、uen、üan；以-ng 作韵尾的称为后鼻韵母，包括 ang、eng、ing、ong、iang、uang、ueng、iong。

1. 前鼻韵母的发音

an:

an、en、in 的发音

发音要领：舌尖抵住下齿背，舌位降到最低，软腭上升，关闭鼻腔通路。以元音 a 为起点音，舌位逐渐升高，舌面前部贴向硬腭前部。当两者将要接触时，软腭下降，打开鼻腔通路。紧接着舌尖接触上齿龈，舌面前部与硬腭前部闭合，使在口腔中受阻的气流改从鼻腔通过。

例词：参战 cānzhàn　　反感 fǎngǎn　　烂漫 lànmàn
　　　谈判 tánpàn　　坦然 tǎnrán　　赞叹 zàntàn

en:

发音要领：舌尖抵住下齿背，舌位居中，软腭上升，关闭鼻腔通路。以元音 e 为起点音，舌面逐渐升高，舌面前部贴向硬腭前部。当两者将要接触时，软腭下降，打开鼻腔通路。紧接着舌尖接触上齿龈，舌面前部与硬腭前部闭合，使在口腔中受阻的气流改从鼻腔通过。

例词：根本 gēnběn　　门诊 ménzhěn　　人参 rénshēn
　　　认真 rènzhēn　　深沉 shēnchén　　振奋 zhènfèn

in:

发音要领：舌尖抵住下齿背，软腭上升，关闭鼻腔通路。以元音 i 为起点音，舌面逐渐升高。当舌面前部与硬腭前部将要接触时，软腭下降，打开鼻腔通路。紧接着舌尖接触上齿龈，舌面前部与硬腭前部闭合，使在口腔中受阻的气流改从鼻腔通过。

例词：近邻 jìnlín　　拼音 pīnyīn　　信心 xìnxīn
　　　辛勤 xīnqín　　引进 yǐnjìn　　濒临 bīnlín

ün:

发音要领：舌尖抵住下齿背，软腭上升，关闭鼻腔通路。以元音 ü 为起点音，舌面升高，唇形渐展。当舌面前部与硬腭前部将要接触时，软腭下降，打开鼻腔通路。接着舌面前部与硬腭前部闭合，舌尖抵在上齿龈上，使在口腔中受阻的气流改从鼻腔通过。

例词：军训 jūnxùn　　均匀 jūnyún　　芸芸 yúnyún
　　　群众 qúnzhòng　　循环 xúnhuán　　允许 yǔnxǔ

ian：

发音要领：以元音 i 为起点音，舌位向下滑动，口渐开。当舌位降到元音 ê的舌位时，开始升高，直到舌面前部贴向硬腭前部，舌尖抵在上齿龈上，形成鼻音 n。

ian、uan、uen 的发音

例词：艰险 jiānxiǎn　　简便 jiǎnbiàn　　连篇 liánpiān

前天 qiántiān　　浅显 qiǎnxiǎn　　田间 tiánjiān

uan：

发音要领：以元音 u 为起点音，舌位向前、向下滑动，唇形渐展。当舌位降到元音 a 的舌位时，开始升高，直到舌面前部贴向硬腭前部，舌尖抵在上齿龈上，形成鼻音 n。

例词：贯穿 guànchuān　　酸软 suānruǎn　　婉转 wǎnzhuǎn

专款 zhuānkuǎn　　转换 zhuǎnhuàn　　软缎 ruǎnduàn

uen：

发音要领：以元音 u 为起点音，舌位向元音 e 的舌位滑动，唇形渐展。发出响亮清晰的 e 后，舌位开始升高，形成鼻音 n。

例词：昆仑 Kūnlún　　温存 wēncún　　温顺 wēnshùn

论文 lùnwén　　馄饨 húntun　　谆谆 zhūnzhūn

提　示

uen 在与声母相拼合时，韵腹 e 省写。

üan：

发音要领：以元音 ü 为起点音，舌位向下滑动，口渐开，唇形渐展。当舌位降到元音ê的舌位时，开始升高，直到舌面前部贴向硬腭前部，舌尖抵在上齿龈上，形成鼻音 n。

üan、ün 的发音

例词：源泉 yuánquán　　轩辕 Xuānyuán　　涓涓 juānjuān

圆圈 yuánquān　　渊源 yuānyuán

2. 后鼻韵母的发音

ang：

发音要领：以元音 a 为起点音，舌头后缩，舌根抬起。当舌根将要接触软腭时，软腭下降，打开鼻腔通路。此时气流在口腔中的通路已被舌根与软腭阻塞，气流改从鼻腔通过。

ang、eng 的发音

例词：帮忙 bāngmáng　　苍茫 cāngmáng　　当场 dāngchǎng

刚刚 gānggāng　　商场 shāngchǎng　　上当 shàngdàng

eng:

发音要领：以元音 e 为起点音，舌头后缩，舌根抬起。当舌根将要接触软腭时，软腭下降，打开鼻腔通路。此时气流在口腔中的通路已被舌根与软腭阻塞，气流改从鼻腔通过。

例词：承蒙 chéngméng　　丰盛 fēngshèng　　更正 gēngzhèng
　　　萌生 méngshēng　　声称 shēngchēng　　升腾 shēngténg

ing:

发音要领：以元音 i 为起点音，舌尖逐渐离开下齿背，舌根靠向软腭。当两者快要接触时，软腭下降，打开鼻腔通路。此时气流在口腔中的通路已被舌根与软腭阻塞，气流改从鼻腔通过。

例词：叮咛 dīngníng　　经营 jīngyíng　　命令 mìnglìng
　　　评定 píngdìng　　清静 qīngjìng　　姓名 xìngmíng

ong:

发音要领：以元音 u 为起点音，舌头后缩，舌根靠向软腭。当两者快要接触时，软腭下降，打开鼻腔通路。此时气流在口腔中的通路已被舌根与软腭阻塞，气流改从鼻腔通过。

例词：共同 gòngtóng　　轰动 hōngdòng　　空洞 kōngdòng
　　　隆重 lóngzhòng　　通融 tōngróng　　恐龙 kǒnglóng

iang:

发音要领：以元音 i 为起点音，舌位向下、向后滑动，滑动至元音 a 的舌位后，开始升高。当舌根将要接触软腭时，软腭下降，打开鼻腔通路。此时气流在口腔中的通路已被舌根与软腭阻塞，气流改从鼻腔通过。

iang、ing 的发音

例词：两样 liǎng yàng　　洋相 yángxiàng　　响亮 xiǎngliàng
　　　踉跄 liàngqiàng　　相像 xiāngxiàng　　强项 qiángxiàng

uang:

发音要领：以元音 u 为起点音，紧接着舌位向下滑动，唇形渐展。舌位降至元音 a 的舌位后，开始升高。当舌根将要与软腭接触时，软腭下降，打开鼻腔通路。此时气流在口腔中的通路已被舌根与软腭阻塞，气流改从鼻腔通过。

例词：狂妄 kuángwàng　　双簧 shuānghuáng
　　　状况 zhuàngkuàng　　窗框 chuāngkuàng
　　　惶惶 huánghuáng

uang、ueng、ong、iong 的发音

ueng:

发音要领：以元音 u 为起点音，舌位向下滑动，唇形渐展。当舌位降至比元音 e 的舌位略前、略低的位置时，开始升高，舌根靠向软腭。当两者快要接触时，软腭下降，打开鼻腔通路。此时气流在口腔中的通路已被舌根与软腭阻塞，气流改从鼻腔通过。

例词：蕹菜 wèngcài　　水瓮 shuǐwèng　　主人翁 zhǔrénwēng
　　　蓊郁 wěngyù　　嗡嗡 wēngwēng　　老翁 lǎowēng

iong:

发音要领：以元音 ü 为起点音，舌头后缩，舌根升高，靠向软腭。当两者将要接触时，软腭下降，打开鼻腔通路。此时气流在口腔中的通路已被舌根与软腭阻塞，气流改从鼻腔通过。

例词：炯炯 jiǒngjiǒng　　汹涌 xiōngyǒng　　穷困 qióngkùn

熊熊 xióngxióng　　窘境 jiǒngjìng

任务二　熟悉韵母的分辨技巧

一、分辨前、后鼻韵母

分辨前鼻韵母和后鼻韵母

普通话中，前、后鼻韵母基本上是一一对应的关系，如 in—ing、en—eng、an—ang、ian—iang、uan—uang。但在大多数方言中，往往存在前、后鼻韵母混用的现象。例如，“信心（xìnxīn）”被读作“杏星（xìngxīng）”，“清明（Qīngmíng）”被读作“亲民（qīnmín）”等。分辨前、后鼻韵母，是这些方言区的人学习韵母的重点和难点。

分清这两类鼻韵母的前提是区分韵尾的发音部位：发前鼻音 n 时，舌尖抵住上齿龈，口的开度较小；发后鼻音 ng 时，舌后部隆起，舌根尽力后缩，顶住软腭，口的开度较大。

学生可以通过对比以下例词的发音，进一步体会前、后鼻韵母的区别。

扳手 bānshǒu—帮手 bāngshǒu　　女篮 nǚlán—女郎 nǚláng

反问 fǎnwèn—访问 fǎngwèn　　战防 zhànfáng—账房 zhàngfáng

人民 rénmín—人名 rénmíng　　亲戚 qīnqi—氢气 qīngqì

金星 jīnxīng—惊心 jīngxīn　　严谨 yánjǐn—盐井 yánjǐng

课堂互动

请同学们试着读一读下面这两段话，看看自己的鼻韵母发音是否存在问题。

（1）东洞庭，西洞庭，洞庭山上一根藤，藤上挂铜铃。风吹藤动铜铃动，风停藤定铜铃静。

（2）姓陈不能说成姓程，姓程不能说成姓陈。禾木是程，耳东是陈。如果陈程不分，就会认错人。

趣味小案例

多年前，一位从西北某地来北京的游客乘坐 1 路公交车去建国门。他拿出一张五元面值的人民币给售票员，说：“见过么（建国门）。”售票员没有反应。游客以为钱不够，又拿出一张五十元面值的人民币，说：“见过么。”售票员急了，他拿出一张一百元面值的人民币，生气地对游客说：“这个你见过么？”游客恍然大悟，不好意思地说：“我是要到终点站‘见过么’！”

二、分辨齐齿呼韵母与撮口呼韵母

分辨齐齿呼韵母和撮口呼韵母

齐齿呼韵母与撮口呼韵母不分主要表现为 i 和 ü、ie 和 üe 区分不清。在某些方言中，没有 ü 和以 ü 开头的撮口呼韵母，而将 ü 都发成 i 的音。例如，“鱼头（yútóu）”被读作“姨头（yítóu）”，“奇遇（qíyù）”被读作“奇异（qíyì）”，“有趣（yǒuqù）”被读作“有气（yǒuqì）”，“全选（quánxuǎn）”被读作“浅显（qiǎnxiǎn）”。发准 i 和 ü 的关键在于把握好唇形，尤其要记住，读 ü 时唇形一定要向前撮圆。

学生可以通过下面几组词语，体会元音 i 和 ü 发音的区别。

生育 shēngyù—生意 shēngyì　　居住 jūzhù—记住 jìzhù

聚会 jùhuì—忌讳 jìhuì　　取名 qǔ míng—起名 qǐ míng

季节 jìjié—拒绝 jùjué　　盐分 yánfèn—缘分 yuánfèn

遗传 yíchuán—渔船 yúchuán　　茄子 qiézi—瘸子 quézi

切实 qièshí—确实 quèshí

三、分辨合口呼韵母与撮口呼韵母

分辨合口呼韵母和撮口呼韵母

普通话中的合口呼韵母与撮口呼韵母在某些方言区（如湘方言区）易被混淆，主要表现是将韵母为 u、uen 的字读作韵母为 ü、ün 的字，同时将舌尖后音声母发成舌面音声母。例如，“朱（zhū）”被读作“居（jū）”，“春（chūn）”被读作“逡（qūn）”，“顺（shùn）”被读作“训（xùn）”。

这些方言区的人可采用熟读词语法进行辨正，即熟读舌尖后音与合口呼相拼的词语，并在读的过程中注意将易被错读成撮口呼的韵母改读成合口呼韵母。

四、分辨合口呼韵母与开口呼韵母

分辨合口呼韵母和开口呼韵母

（一）分辨 u 和 ou

有些方言区的人将合口呼韵母 u 发成开口呼复韵母 ou，如将“土（tǔ）”读作“tǒu”，将“读（dú）”读作“dóu”。这些方言区的人可通过记住拼合规律进行分辨：

① 普通话中没有音节为“dou”的阳平字，没有音节为“tou”的上声字。凡方言中念“dóu”的应改念为“dú”，如“读、毒、独”；凡方言中念“tǒu”的应改念为“tǔ”，如“土、吐”。

② 普通话中没有音节为“zou”“sou”的阳平字。凡方言中念“zóu”的应改念为“zú”，如“足、卒”；凡方言中念“sóu”的应改念为“sú”，如“俗”。

③ 普通话中以“cou”为音节的字只有去声字“凑”，方言中其他念“cou”的字，韵母都应是 u，如“粗、促、猝、醋”。

（二）分辨 e 和 uo

有些方言区（如武汉、成都、扬州、长沙、厦门等地）的人易将韵母 e 读作韵母 uo。例如，将“和（hé）”读作“huó”，“哥（gē）”读作“guō”，将“个（gè）”读作“guò”。

要正确分辨 e 和 uo，首先应牢记韵母为 e 和 uo 的代表字，再利用声旁进行类推。例如，“罗（luó）”的韵母是 uo，那么，以“罗”为声旁的字，如“啰、萝、猡、锣、箩”等，其韵母均是 uo；“各（gè）”的韵母是 e，那么，以“各”为声旁的字，如“咯、胳、袼、阁、搁、格、骼、硌、铬”等，其韵母多为 e。

（三）韵头 u 能否丢弃

在某些方言中，合口呼韵母 uan、uei、uen 与 d、t、n、l、z、c、s 等声母相拼时，丢弃了韵头 u 后变成了开口呼韵母 an、ei、en。例如，“队（duì）”被读作“dèi”；“团（tuán）”被读作“tán”；“尊（zūn）”被读作“zēn”等。

对于这种情况，可通过记住以下拼合规律进行分辨：

① 除了“得（děi）”“贼（zéi）”之外，d、t、z、c、s 一般不与 ei 相拼，却能与 uei 相拼，由此推知“对、兑、推、腿、嘴、醉、摧、脆、碎、岁”等字的韵母都是 uei。

② d、t、l 不与 en 相拼，但常与 uen 相拼，由此推知“吨、敦、吞、豚、论、轮”等字的韵母都是 uen。

任务三　进行韵母发音训练

一、单韵母发音训练

单韵母发音训练 1

（一）基本发音训练

a:

拉萨 Lāsà	哈达 hǎdá	喇叭 lǎba
大妈 dàmā	沙发 shāfā	大巴 dàbā

o:

磨破 mópò	馍馍 mómo	泼墨 pō mò
伯伯 bóbo	默默 mòmò	婆婆 pópo

e:

隔阂 géhé	合格 hégé	特色 tèsè

色泽 sèzé	折射 zhéshè	割舍 gēshě

i:

起立 qǐlì	集体 jítǐ	利益 lìyì
积极 jījí	地理 dìlǐ	笔记 bǐjì

u:

图书 túshū	祝福 zhùfú	树木 shùmù
补助 bǔzhù	服务 fúwù	辜负 gūfù

ü:

序曲 xùqǔ	吕剧 lǚjù	聚居 jùjū
雨具 yǔjù	区域 qūyù	须臾 xūyú

-i（前）:

子嗣 zǐsì	四次 sì cì	刺死 cìsǐ
刺字 cì zì	此次 cǐ cì	字词 zìcí

-i（后）:

指示 zhǐshì	失职 shīzhí	实施 shíshī
支持 zhīchí	制止 zhìzhǐ	失实 shīshí

er:

儿女 érnǚ	而今 érjīn	二心 èrxīn
偶尔 ǒu'ěr	儿戏 érxì	耳朵 ěrduo

（二）对比辨音训练

单韵母发音训练 2

i—ü:

仪（yí）式—于（yú）是	名义（yì）—名誉（yù）
意（yì）见—遇（yù）见	姓李（lǐ）—姓吕（lǚ）
议（yì）论—舆（yú）论	美意（yì）—美誉（yù）
以（yǐ）及（jí）—雨（yǔ）具（jù）	拟（nǐ）人—女（nǚ）人

e—uo:

课（kè）件—扩（kuò）建	开课（kè）—开阔（kuò）
河（hé）水—活（huó）水	贺（hè）喜—获（huò）悉
乐（lè）呵—洛（luò）河	喝（hē）酒—获（huò）救
大哥（gē）—大锅（guō）	计策（cè）—记错（cuò）

u—ou:

图（tú）书—投（tóu）书	涂（tú）饰—头（tóu）饰
突（tū）击—偷（tōu）鸡	炉（lú）台—楼（lóu）台
肚（dù）子—豆（dòu）子	态度（dù）—太逗（dòu）

（三）绕口令练习

下面练习中“一”字发生变读的，标的是变读后的声调。

e:

坡上立着一只鹅，（Pō shàng lìzhe yì zhī é，）
坡下就是一条河。（Pō xià jiùshì yì tiáo hé.）
宽宽的河，肥肥的鹅，（Kuānkuān de hé，féiféi de é，）
鹅要过河，河要渡鹅。（É yào guò hé，hé yào dù é.）
不知是鹅过河，还是河渡鹅。（Bùzhī shì é guò hé，háishì hé dù é.）

i:

一二三、三二一，（Yī èr sān，sān èr yī，）
一二三四五六七，（Yī èr sān sì wǔ liù qī，）
七六五四三二一，（Qī liù wǔ sì sān èr yī，）
七个姑娘来聚齐，（Qī gè gūniang lái jùqí，）
七只花篮手中提，（Qī zhī huālán shǒu zhōng tí，）
一起来到花园里，（Yìqǐ láidào huāyuán lǐ，）
摘的是槟子、橙子、柿子、李子和栗子。（Zhāi de shì bīnzi，chéngzi，shìzi，lǐzi hé lìzi.）

i—ü:

清早起来雨稀稀，（Qīngzǎo qǐlái yǔxīxī，）
王七上街去买席。（Wáng Qī shàngjiē qù mǎi xí.）
骑着毛驴跑得急，（Qízhe máolǘ pǎo de jí，）
捎带卖蛋又贩梨。（Shāodài mài dàn yòu fàn lí.）
一跑跑到小桥西，（Yìpǎo pǎodào xiǎoqiáo xī，）
毛驴一下跌了蹄。（Máolǘ yíxià diēle tí.）
打了蛋，撒了梨，跑了驴，（Dǎle dàn，sǎle lí，pǎole lǘ，）
急得王七眼泪滴，（Jí de Wáng Qī yǎnlèi dī，）
又哭鸡蛋又骂驴。（Yòu kū jīdàn yòu mà lǘ.）

二、复韵母发音训练

复韵母发音训练 1

（一）基本发音训练

1. 前响复韵母

ai:

灾害 zāihài　　晒台 shàitái　　皑皑 ái'ái

彩排 cǎipái　　摆开 bǎikāi　　海苔 hǎitái

ei:

配备 pèibèi　　狒狒 fèifèi　　北美 Běi Měi

飞贼 fēizéi　　违背 wéibèi　　蓓蕾 bèilěi

ao:

犒劳 kàoláo　　抛锚 pāomáo　　号啕 háotáo

报考 bàokǎo　　毫毛 háomáo　　吵闹 chǎonào

ou:

守候 shǒuhòu　　漏斗 lòudǒu　　抖擞 dǒusǒu

欧洲 Ōuzhōu　　瘦肉 shòuròu　　走漏 zǒulòu

2. 后响复韵母

ia:

下牙 xiàyá　　法家 Fǎjiā　　加价 jiājià

家鸭 jiāyā　　花甲 huājiǎ　　假牙 jiǎyá

ie:

铁屑 tiěxiè　　节烈 jiéliè　　斜街 xiéjiē

窃窃 qièqiè　　铁鞋 tiěxié　　乜斜 miēxie

ua:

花袜 huā wà　　挂画 guàhuà　　垮台 kuǎtái

自夸 zìkuā　　画画 huàhuà　　狠抓 hěnzhuā

uo:

国货 guóhuò　　蹉跎 cuōtuó　　懦弱 nuòruò

骆驼 luòtuo　　过错 guòcuò　　陀螺 tuóluó

üe:

哲学 zhéxué　　决裂 juéliè　　侵略 qīnlüè

隔绝 géjué　　浴血 yùxuè　　绝学 juéxué

3. 中响复韵母

iao:

吊销 diàoxiāo　　苗条 miáotiao　　疗效 liáoxiào

巧妙 qiǎomiào　　调料 tiáoliào　　萧条 xiāotiáo

iou:

悠久 yōujiǔ　　绣球 xiùqiú　　优秀 yōuxiù
求救 qiújiù　　旧友 jiùyǒu　　牛油 niúyóu

uai:

外踝 wàihuái　　怀孕 huáiyùn　　元帅 yuánshuài
衰败 shuāibài　　拽住 zhuàizhù　　徘徊 páihuái

uei:

汇兑 huìduì　　水位 shuǐwèi　　追悔 zhuīhuǐ
回味 huíwèi　　魁伟 kuíwěi　　推诿 tuīwěi

（二）对比辨音训练

üan—ian:

倦（juàn）意—建（jiàn）议　　权（quán）限—前（qián）线
当权（quán）—当前（qián）　　全（quán）程—前（qián）程
庄园（yuán）—庄严（yán）　　方圆（yuán）—方言（yán）

ie—üe:

切（qiè）实—确（què）实　　列（liè）表—略（lüè）表
猎（liè）取—掠（lüè）取　　日夜（yè）—日月（yuè）
竹叶（yè）—逐月（yuè）　　午夜（yè）—五岳（yuè）

复韵母发音训练 2

ia—ie:

大家（jiā）—大街（jiē）　　红霞（xiá）—红鞋（xié）
推下（xià）—推卸（xiè）　　好虾（xiā）—好些（xiē）
一架（jià）—一届（jiè）　　下嫁（jià）—下届（jiè）

（三）绕口令练习

下面练习中“一”“不”发生变读的，标的是变读后的声调。

ia:

天上飘着一片霞，(Tiānshàng piāozhe yí piàn xiá,)
水上漂着一群鸭。(Shuǐ shàng piāozhe yì qún yā.)
霞是五彩霞，(Xiá shì wǔcǎixiá,)
鸭是麻花鸭。(Yā shì máhuāyā.)
麻花鸭游进五彩霞，(Máhuāyā yóujìn wǔcǎixiá,)
五彩霞挽住麻花鸭。(Wǔcǎixiá wǎnzhù máhuāyā.)

乐坏了鸭，（Lèhuàile yā，）
拍碎了霞，（Pāisuìle xiá，）
分不清是鸭还是霞。（Fēnbùqīng shì yā háishì xiá.）

iou：

一葫芦酒，九两六。（Yì húlu jiǔ，jiǔ liǎng liù.）
一葫芦油，六两九。（Yì húlu yóu，liù liǎng jiǔ.）
六两九的油，（Liù liǎng jiǔ de yóu，）
要换九两六的酒。（Yào huàn jiǔ liǎng liù de jiǔ.）
九两六的酒，（Jiǔ liǎng liù de jiǔ，）
不换六两九的油。（Bú huàn liù liǎng jiǔ de yóu.）

三、鼻韵母发音训练

（一）基本发音训练

鼻韵母发音训练 1

1. 前鼻韵母+前鼻韵母

本分 běnfèn　濒临 bīnlín　臣民 chénmín
沉浸 chénjìn　沉闷 chénmèn　称心 chènxīn
粉尘 fěnchén　奋进 fènjìn　愤恨 fènhèn
狠心 hěnxīn　谨慎 jǐnshèn　近邻 jìnlín
进军 jìnjūn　音韵 yīnyùn　嶙峋 línxún
禁运 jìnyùn　因循 yīnxún　边缘 biānyuán
田园 tiányuán　练拳 liàn quán　悬念 xuánniàn
圈点 quāndiǎn　圆脸 yuánliǎn　眷恋 juànliàn

2. 前鼻韵母+后鼻韵母

奔腾 bēnténg　本领 běnlǐng　本能 běnnéng
沉静 chénjìng　分明 fēnmíng　分清 fēnqīng
纷争 fēnzhēng　根茎 gēnjīng　金星 jīnxīng
今生 jīnshēng　进程 jìnchéng　进行 jìnxíng
班长 bānzhǎng　擅长 shàncháng　探访 tànfǎng
艳阳 yànyáng　边疆 biānjiāng　遣将 qiǎnjiàng
晚装 wǎnzhuāng　宽广 kuānguǎng　观光 guānguāng
船王 chuánwáng　冤枉 yuānwang　蚊虫 wénchóng
混同 hùntóng　纯种 chún zhǒng　尊崇 zūnchóng
运用 yùnyòng　军用 jūnyòng　寻香 xún xiāng

3. 后鼻韵母+后鼻韵母

冰冷 bīnglěng　兵营 bīngyíng　丙丁 bǐngdīng
并行 bìngxíng　病情 bìngqíng　曾经 céngjīng
澄清 chéngqīng　成名 chéngmíng　叮咛 dīngníng
顶峰 dǐngfēng　订正 dìngzhèng　定型 dìngxíng
蝗虫 huángchóng　苍穹 cāngqióng　动听 dòngtīng
狂风 kuángfēng　共同 gòngtóng　工农 gōngnóng
动情 dòngqíng　膨胀 péngzhàng　臃肿 yōngzhǒng
通往 tōngwǎng　爽朗 shuǎnglǎng　行动 xíngdòng

4. 后鼻韵母+前鼻韵母

病因 bìngyīn　并进 bìngjìn　城镇 chéngzhèn
成分 chéngfèn　成亲 chéngqīn　诚心 chéngxīn
承认 chéngrèn　登门 dēngmén　盯人 dīng rén
缝纫 féngrèn　更新 gēngxīn　恒心 héngxīn
枉然 wǎngrán　伤寒 shānghán　香烟 xiāngyān
抢险 qiǎngxiǎn　江边 jiāng biān　相连 xiānglián
黄砖 huángzhuān　光管 guāngguǎn　双全 shuāngquán
控温 kòng wēn　红唇 hóngchún　通论 tōnglùn

5. 前、后鼻韵母综合训练

清新 qīngxīn　成形 chéngxíng　阵营 zhènyíng
成品 chéngpǐn　听信 tīngxìn　分成 fēnchéng
盛行 shèngxíng　人称 rénchēng　心灵 xīnlíng
成因 chéngyīn　引进 yǐnjìn　真诚 zhēnchéng
垫圈 diànquān　全篇 quánpiān　军心 jūnxīn
赞赏 zànshǎng　房产 fángchǎn　网关 wǎngguān
拥军 yōngjūn　更换 gēnghuàn　板凳 bǎndèng
运动 yùndòng　丰厚 fēnghòu

（二）对比辨音训练

鼻韵母发音训练 2

an—ang:

扳（bān）手—帮（bāng）手　女篮（lán）—女郎（láng）
反（fǎn）问—访（fǎng）问　担（dān）心—当（dāng）心
粘（zhān）贴—张（zhāng）贴　水湾（wān）—水汪（wāng）

en—eng:

陈（chén）旧—成（chéng）就　真（zhēn）气—蒸（zhēng）汽
诊（zhěn）断—整（zhěng）段　上身（shēn）—上升（shēng）

针（zhēn）眼—睁（zhēng）眼　　同门（mén）—同盟（méng）

in—ing:

红心（xīn）—红星（xīng）　　人民（mín）—人名（míng）

信（xìn）服—幸（xìng）福　　劲（jìn）头—镜（jìng）头

因（yīn）而—婴（yīng）儿　　海滨（bīn）—海兵（bīng）

eng—ong:

恒（héng）星—红（hóng）星　　征（zhēng）用—中（zhōng）用

龙灯（dēng）—隆冬（dōng）　　耕（gēng）种—公（gōng）众

征（zhēng）程—忠（zhōng）诚　　正（zhèng）视—重（zhòng）视

（三）绕口令练习

下面练习中“不”字发生变读的，标的是变读后的声调。

an—ang:

扁担长，板凳宽，(Biǎndan cháng， bǎndèng kuān，)

扁担没有板凳宽，(Biǎndan méiyǒu bǎndèng kuān，)

板凳没有扁担长。(Bǎndèng méiyǒu biǎndan cháng.)

扁担要绑在板凳上，(Biǎndan yào bǎngzài bǎndèng shàng，)

板凳不让扁担绑在板凳上。(Bǎndèng bú ràng biǎndan bǎngzài bǎndèng shàng.)

扁担偏要绑在板凳上，(Biǎndan piān yào bǎngzài bǎndèng shàng，)

板凳偏不让扁担绑在板凳上。(Bǎndèng piān bú ràng biǎndan bǎngzài bǎndèng shàng.)

en—eng:

陈是陈，程是程。(Chén shì chén， chéng shì chéng.)

姓陈不能说成姓程，(Xìngchén bù néng shuōchéng xìngchéng，)

姓程不能说成姓陈。(Xìngchéng bù néng shuōchéng xìngchén.)

禾木是程，耳东是陈。(Hé mù shì chéng， ěr dōng shì chén.)

程陈不分，就会认错人。(Chéng chén bù fēn， jiùhuì rèncuò rén.)

请用标准的普通话朗读“社会主义核心价值观：富强、民主、文明、和谐，自由、平等、公正、法治，爱国、敬业、诚信、友善”，希望同学们在朗读过程中感悟社会主义核心价值观的内涵，也希望大家在朗读后，将社会主义核心价值观铭记于心，积极培育和践行社会主义核心价值观，树立文化自信，铸就中国精神。

【实战演练】

韵母“百变训练营”

活动目的

通过韵母“百变训练营”活动，加深对韵母的认识，提高韵母辨音、读音的能力。

活动描述

全班学生以小组为单位开展韵母“百变训练营”活动。活动分为听音辨音训练、辨读训练、组内朗读比赛三个环节。

（1）听音辨音训练。各组成员通过听小组成员朗读韵母字词或韵母发音的录音，然后判断各字词的韵母属于哪种类型。

（2）辨读训练。各组成员自行搜集辨读材料，然后通过抽签决定辨读顺序，开展辨读训练。

（3）组内朗读比赛。各组成员从自备材料中抽签另选朗读材料，开展朗读比赛。该活动的组织人员安排和评分规则如下。

① 记分人员。每组选定 1 名记分员负责记分工作。

② 评委。组内成员朗读时，本组内的其他成员为评委。

③ 评分规则。除去评委评分中的最高分和最低分，取剩余评分的平均分作为比赛结果，并按平均分的高低排出名次。

活动分组

全班学生每 5～7 人为一组，各组选出组长并进行任务分工，将小组成员及分工情况填入表 3-2 中。

表 3-2　小组成员及分工情况

班级：__________　　组号：__________　　指导教师：__________

小组成员	姓名	学号	任务分工
组长			
组员			

活动实施

各组按照小组分工情况开展训练活动，并将具体的实施情况记录在表 3-3 中。

表 3-3　实施情况记录表

<table>
<tr><th>时间安排</th><th>实施步骤</th></tr>
<tr><td></td><td>1．听音辨音训练
① 听辨韵母发音。小组中的一名成员朗读几组韵母字词或播放韵母发音的录音，其他成员认真听音并辨别各字词的韵母属于哪种类型。
② 辨音总结。小组成员就辨音难点进行讨论，然后归纳总结各类韵母的发音技巧。</td></tr>
<tr><td></td><td>2．辨读训练
① 搜集辨读材料。每组提供 1 组韵母易错词和两组韵母绕口令作为朗读的材料（参考如下）。
韵母易错词辨读
陈旧　成就　声明　申明
木盆　木棚　人生　人参
金质　精致　信服　幸福
炖肉　冻肉　存钱　从前
吞并　通病　响亮　良将
韵母绕口令训练
杨家养了一只羊
杨家养了一只羊，蒋家修了一道墙。杨家的羊撞倒了蒋家的墙，蒋家的墙压死了杨家的羊。杨家要蒋家赔杨家的羊，蒋家要杨家赔蒋家的墙。
画圆圈
圆圈圆，圈圆圈，圆圆娟娟画圆圈。娟娟画的圈连圈，圆圆画的圈套圈。娟娟圆圆比圆圈，看看谁的圆圈圆。
② 确定辨读内容及顺序。各组以抽签的形式确定辨读的内容及顺序（确保辨读材料来自其他组）。
③ 辨读韵母发音。各小组成员辨读韵母易错词及韵母绕口令。</td></tr>
<tr><td></td><td>3．组内朗读比赛
① 确定朗读材料。各组成员从辨读训练的备选材料中，抽取一组韵母易错词、两组绕口令（确保材料与前面的环节不重复）。
② 朗读材料。朗读每组易错词的时间不超过 15 秒，朗读每两组绕口令的时间不超过 25 秒。
③ 比赛评比。小组其他成员对比赛进行评分，评分标准如表 3-4 所示。</td></tr>
</table>

表 3-4 评分标准

评价项目	评分标准	分值	得分
易错词辨正	韵母发音每错 1 处扣 1 分（共 40 个字，共计 40 分）	40 分	
	在规定时间内完成，每超出 5 秒扣 1 分，扣完 5 分为止	5 分	
绕口令速读	韵母发音每错 1 处扣 0.5 分	50 分	
	在规定时间内完成，每超出 5 秒扣 1 分，扣完 5 分为止	5 分	
合　计		100 分	

【项目考核】

各组成员结合课前、课中和课后的学习情况，按照表 3-5 的评价标准对该项目的学习效果进行自评和互评，并请老师进行总体评价。

表 3-5 项目考核评价表

考核内容	评价标准	分值	评价得分		
			自评	互评	师评
知识与技能考核（40%）	能够简要说明韵母的结构与分类	5 分			
	能够举例说明单韵母、复韵母及鼻韵母的发音技巧	10 分			
	能够分辨前鼻韵母与后鼻韵母、齐齿呼韵母与撮口呼韵母、合口呼韵母与撮口呼韵母、合口呼韵母与开口呼韵母	10 分			
	能够通过对比辨音训练及绕口令训练的方式，进行韵母发音训练	15 分			
过程与方法考核（20%）	课前积极搜集韵母相关的知识，并能有条理地分析整理所搜集的资料	5 分			
	积极参与课堂互动，并踊跃发表自己的看法	5 分			
	能积极参与辨音、发音的训练，纠正自己的韵母发音	10 分			
综合素养考核（40%）	具有团队精神，能够积极与他人合作	10 分			
	具有探究意识，能够积极探索韵母的发音方法	15 分			
	自觉增强规范使用国家通用语言文字的意识，积极推广普通话	15 分			
总评	自评（30%）+互评（30%）+师评（40%）=	教师（签名）：			

项目四

声调——让语音抑扬顿挫

》【引言】

在学习了第二章和第三章的内容以后，我们知道了声母和韵母在普通话发音中的重要作用，并且掌握了它们的发音技巧。但是，即使声母和韵母的发音都很准确，如果声调不对，仍可能让人不解其意。例如，一个留学生说："我来中国想学习韩（hán）语。"这让听者摸不着头脑，其实，他是说想学习汉（hàn）语。由此可见，掌握声调也是普通话学习中一个非常重要的环节。

【学习清单】

完成一项学习任务后，请在对应的方框中打“√”。

课前预习

☐ 1. 了解声调的相关内容，用普通话阅读一篇文章或一首诗歌，并与同学相互评价声调发音。

☐ 2. 和同学交流声调训练的方法。

课中学习

☐ 1. 了解声调的含义及作用。

☐ 2. 理解调值、调类和调号。

☐ 3. 了解方言声调和普通话声调的区别。

☐ 4. 掌握声调的发音方法，并采用科学的方法进行声调发音训练。

课后实践

☐ 1. 积极地开展声调发音抢答赛活动，将所学知识运用到比赛中去。

☐ 2. 与他人交流时，注意声调的正确发音。

素养培育

☐ 1. 培养端正的学习态度，树立正确的学习观。

☐ 2. 积极参与中华优秀语言文化交流活动，认真参加国家通用语言文字学习培训，努力提高国家通用语言文字规范意识和应用水平，加深对中华文化的理解和认知，增强文化自信。

【知识讲堂】

任务一　了解声调

一、声调及其作用

声调又称字调，是指语言的音调变化。在现代汉语语音学中，声调是指汉语音节中所固有的、可以区别字词意义的声音的高低和升降。声调和声母、韵母共同构成汉语音节。

声调的主要作用就是区别不同字的意义。例如，“低”“敌”“抵”“第”这四个字的音节，其声母、韵母都相同，但是声调不同，表示的意义也不同。另外，声调还可以增强语言的节奏感和感染力，使汉语具有抑扬顿挫的韵律美。例如，“蓝蓝的天空白云飘，白云下面马儿跑”，如果用错落有致的声调朗读，就能给人带来听觉上的美感；如果全按阴平调读，听起来就像“老和尚念经”，不仅毫无美感，更难传递其中的意蕴。

趣味小案例

小唐到银行取钱，隔着玻璃亲切地喊：“大姐，取钱！”银行女职员立刻脸色大变。小唐不明其故，又喊：“大姐，取钱！”忽然，只听脑袋“嗡”的一声，小唐被银行保安一棍子打倒在地。原来，大家听到的是“打劫，取钱”，误以为他要抢银行了。

二、调值、调类、调号

（一）调值

调值是音节高低、升降、长短、曲直的具体形式。语音学上普遍采用“五度标记法”来标记调值的高低，即把最高音定为5度，半高音定为4度，中音定为3度，半低音定为2度，最低音定为1度。

（二）调类

声调

调类就是声调的种类。普通话有阴平、阳平、上声、去声4种声调，也可以用序数表示，称一声、二声、三声、四声。

1. 阴平调

阴平调的调值为55，如图4-1（a）所示。其特点是声音高而平，大体上没有升降变化，发音时

声带始终绷紧，保持高音。

例词：春天、江山、身心、心胸、花开

2. 阳平调

阳平调的调值为35，如图4-1（b）所示。其特点是声音由中音升到高音，发音时声带由不松不紧逐渐绷到最紧。

例词：人民、豪情、昂扬、直达、团结

3. 上（shǎng）声调

上声调的调值为214，如图4-1（c）所示。其特点是声音先降后升，发音时声带从略微紧张开始，先放松，再绷紧。

例词：厂长、总统、理解、美好、领导

4. 去声调

去声调的调值为51，如图4-1（d）所示。其特点是声音由最高音降到最低音，发音时先将声带绷到最紧，然后逐渐放松，直到声带完全松弛。

例词：创造、秀丽、利益、锻炼、次序

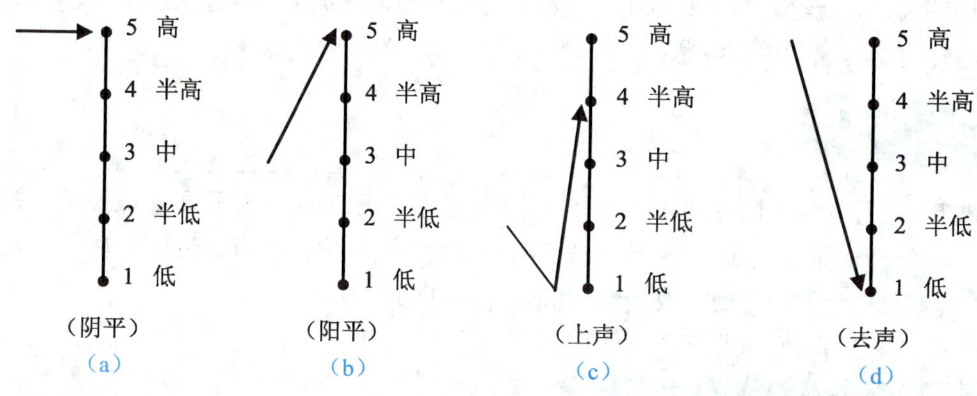

图4-1 声调的调值

（三）调号

调号是调类的标记符号。《汉语拼音方案》所规定的调号为：阴平是“ˉ”，阳平是“ˊ”，上声是“ˇ”，去声是“ˋ”。由于声调的高低变化主要体现在韵腹（即韵母的主要元音）上，所以调号要标在韵腹上。

三、方言声调和普通话声调的区别

说普通话时，要注意读准音节的调值。有些方言区的人在声调方面存在的问题主要有：阴平的音高不够，阳平调的上升高度不够，上声调的降升不够明显，去声调降得不够快。

还有一些方言区的人常常将声调混读。例如，粤方言区的人常常将阴平和去声混读，如把“四十一”中的“一”读成去声调，听起来就像“四十亿”，一音之别也许会造成难以估量的经济损

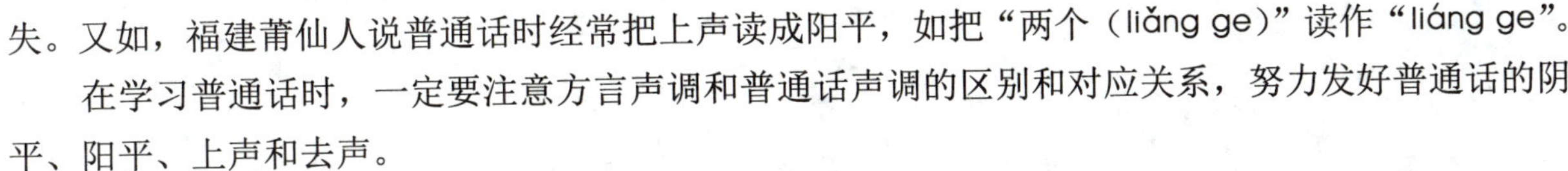

失。又如，福建莆仙人说普通话时经常把上声读成阳平，如把“两个（liǎng ge）”读作“liáng ge”。

在学习普通话时，一定要注意方言声调和普通话声调的区别和对应关系，努力发好普通话的阴平、阳平、上声和去声。

课堂互动

在你的家乡话中，哪些字词的声调和普通话的声调有区别？在学普通话的过程中，你打算如何纠正这些字词的声调？

任务二　进行声调训练

一、声调基础训练

按竖排顺序读出下列音节：

声调训练 1

mā	bā	dā	tī	pō	gē
má	bá	dá	tí	pó	gé
mǎ	bǎ	dǎ	tǐ	pǒ	gě
mà	bà	dà	tì	pò	gè

二、单音节字声调训练

阴平：	微	均	租	枪	优	街	深	花
	屋	优	呼	师	雕	听	出	酸
阳平：	毫	贤	柴	条	徐	直	神	华
	和	人	同	平	纯	甜	连	图
上声：	满	写	旅	软	朵	稿	审	法
	好	九	武	勇	走	抚	秒	广
去声：	店	换	正	劣	赵	静	慎	画
	万	怕	利	岁	辣	热	去	卖

三、两字词声调训练

1. 阴平+阴平

青春	参加	西安	光辉	军官
春天	攻关	丰收	班车	江山

2. 阳平+阳平

停泊 滑翔 儿童 模型 吉祥
团结 联合 循环 和平 银行

3. 上声+上声

勇敢 给以 苦恼 理想 选举
坎坷 处理 宝岛 补给 腐朽

4. 去声+去声

大厦 世界 教育 破例 示范
宴会 利润 变化 跨越 创造

5. 阴平+阳平

坚决 鲜明 依然 支持 鲜活
光明 资源 胸膛 辉煌 消除

6. 阴平+上声

批准 歌舞 因此 温暖 高手
书法 终点 商场 艰苦 山谷

7. 阴平+去声

希望 歌颂 思念 深刻 经历
波浪 悲愤 穿越 坚硬 生命

8. 阳平+阴平

联欢 革新 黄昏 慈悲 读书
传播 崇高 长江 雄心 阳光

9. 阳平+上声

描写 难免 博览 情景 游览
联想 烦琐 停止 宏伟 即使

10. 阳平+去声

局势 回忆 完蛋 逐渐 程序
权利 培育 灼热 原谅 游戏

11. 上声+阴平

打开 首先 语音 老师 统一
演出 火车 北方 冷风 垦荒

12. 上声+阳平

朗读	演员	迥然	否决	主题
感觉	好评	指南	旅游	旅途

13. 上声+去声

抢救	本质	水稻	访问	省略
处分	想念	表现	礼拜	晚会

14. 去声+阴平

象征	贵宾	撞击	汽车	乐观
健康	灌输	信心	贵妃	雇佣

15. 去声+阳平

措辞	会谈	自由	祝福	日食
色泽	顺从	适合	召集	乐园

16. 去声+上声

戏曲	隽永	大海	梦想	壮美
翅膀	絮语	电脑	贷款	窃喜

四、四字词声调训练

1. 同调相连

江山多娇	息息相关	居安思危	卑躬屈膝
和平繁荣	闻名全球	提前完成	儿童文学
有板有眼	稳妥处理	岂有此理	变幻莫测
意气用事	爱护备至	创造纪录	

声调训练 2

2. 四声顺序

千锤百炼	山明水秀	深谋远虑	中流砥柱
风调雨顺	花红柳绿	光明磊落	诸如此类

3. 四声逆序

破釜沉舟	调虎离山	弄巧成拙	万马齐喑
妙手回春	异口同声	逆水行舟	叫苦连天

4. 随意交错

名不虚传	当机立断	鸟语花香	蝇营狗苟
前仆后继	生龙活虎	发愤图强	掩耳盗铃

五、声调对比练习

1. 姓氏辨调

包—鲍	边—卞	福—府	伏—甫
戈—葛	火—霍	余—喻	吴—武
黎—李	王—汪	颜—晏—燕	刘—柳

2. 对比辨调

劫机—阶级	春节—纯洁	突然—徒然	字母—字幕
松鼠—松树	指使—指示	棘手—寄售	注意—逐一
间接—简洁	征集—整纪	从属—丛书	河山—和善
大学—大雪	画像—滑翔	集合—几何	时节—世界

六、综合训练

1. 朗读八字成语歌

流水不腐，户枢不蠹（dù）。
路见不平，拔刀相助。
无源之水，无本之木。
不经一事，不长一智。
将欲取之，必先与之。
蓬生麻中，不扶自直。
欲加之罪，何患无辞。
持之有故，言之成理。
烈士暮年，壮心不已。
庆父不死，鲁难未已。
事不关已，高高挂起。
一波未平，一波又起。
城门失火，殃及池鱼。
呼之即来，挥之即去。
一夫当关，万夫莫开。
茕（qióng）茕孑（jié）立，形影相吊。
人为刀俎，我为鱼肉。
螳螂捕蝉，黄雀在后。

路不拾遗，夜不闭户。
皮之不存，毛将焉附。
衣不蔽体，食不果腹。
不入虎穴，焉得虎子。
两刃相割，利钝乃知。
前事不忘，后事之师。
差之毫厘，谬以千里。
鞠躬尽瘁，死而后已。
日月经天，江河行地。
食不甘味，卧不安席。
投我以桃，报之以李。
比上不足，比下有余。
大辩若讷（nè），大智若愚。
棋逢对手，将遇良才。
逢山开路，遇水搭桥。
头痛医头，脚痛医脚。
人无远虑，必有近忧。

声调训练 3

2. 朗读散文

① 快乐，它是一种富有概括性的生存状态、工作状态。它几乎是先验的，它来自生命本身的活力，来自宇宙、地球和人间的吸引，它是世界的丰富、绚丽、阔大、悠久的体现。快乐还是一种力量，是埋在地下的根脉。消灭一个人的快乐比挖掘掉一棵大树的根要难得多。

——节选自王蒙《喜悦》

② 年少的时候，我们差不多都在为别人而活，为苦口婆心的父母活，为循循善诱的师长活，为许多观念、许多传统的约束力而活。年岁逐增，渐渐挣脱外在的限制与束缚，开始懂得为自己活，照自己的方式做一些自己喜欢的事，不在乎别人的批评意见，不在乎别人的诋毁流言，只在乎那一份随心所欲的舒坦自然。偶尔，也能够纵容自己放浪一下，并且有一种恶作剧的窃喜。

——节选自杏林子《朋友和其他》

3. 朗读古诗词

大江东去，浪淘尽，千古风流人物。故垒西边，人道是，三国周郎赤壁。乱石穿空，惊涛拍岸，卷起千堆雪。江山如画，一时多少豪杰。

遥想公瑾当年，小乔初嫁了（liǎo），雄姿英发（fā）。羽扇纶（guān）巾，谈笑间、樯橹（lǔ）灰飞烟灭。故国神游，多情应笑我，早生华发（fà）。人生如梦，一尊还（huán）酹（lèi）江月。

——北宋·苏轼《念奴娇·赤壁怀古》

在全面普及白话文的今天，文言文在日常生活中出现的频率很低，其性质早已由原来的交流沟通方式演变为理解古籍的专用工具。但文言文凝聚和蕴含着古人的智慧，我们不可随意丢弃。

学习文言文有助于更恰切地表情达意。文言文是我国古人千百年来积累、加工、锤炼而创造出来的语言形式，在表达上具有言简意赅、典雅优美的特点，艺术价值很高。例如，表达时间过得很快，我们常用“岁月如梭”“光阴荏苒”“白驹过隙”之类的文言词；又如，描述一个女孩十分漂亮用“她有闭月羞花之美”形容，既简洁又到位，若换成白话文，显然不是三言两语可以言喻的。可见，同样的意思用文言与白话所展示的语言美，以及给人的艺术感受是不一样的。

中华民族五千年的文化底蕴和历史沉淀是承载在文言文上流传下来的。可以说，文言文是中国传统文化的重要载体。因此，对于国人来说，学习文言文可以更好地了解本国、本民族的传统文化，充实个人文化底蕴，提升个人文化品位。对于外国人来说，在中文达到一定水平后，适度接触和学习文言文，可以加深对于中国文化的理解和认知。

【实战演练】

声调发音抢答赛

活动目的

熟练掌握声调的发音，讲好普通话。

活动描述

全班学生以小组为单位，开展声调发音抢答赛活动。比赛共包括 3 轮：单音节字声调发音抢答、两字词声调发音抢答和四字词声调发音抢答。所有人一起抢答，总积分最高的组获胜。活动的相关安排如下。

（1）组织人员。首先从全班学生中选出 1 名主持人和 3 名记分员分别负责主持和记分工作，然后将余下学生分成若干组，每组选出 1 名组长和 1 名记录员。

（2）评委。本组外的其他组组长担任评委。

（3）评分规则。评分时，除去评分中的最高分和最低分，取剩余评分的平均分作为比赛结果，并按平均分的高低排出名次。

活动分组

全班学生每 4～6 人为一组，各组选出组长并进行任务分工，将小组成员及分工情况填入表 4-1 中。

表 4-1　小组成员及分工情况

班级：＿＿＿＿＿＿　组号：＿＿＿＿＿＿　指导教师：＿＿＿＿＿＿

小组成员	姓名	学号	任务分工
组长			
组员			

活动实施

各组按照小组分工情况开展实践活动，并将具体的实施情况记录在表 4-2 中。

表 4-2 实施情况记录表

时间安排	实施步骤
	1．准备抢答材料 每组准备 2 组单音节字、2 组两字词和 2 组四字词（每组材料的呈现形式参考如下），作为抢答比赛的材料。 **单音节字** 矮 屏 缠 蹬 迩 阀 葛 烘 俊 俊 琅 茫 藕 撇 鹊 荣 谁 忒 稳 炫 揄 壮 椭 瞬 漂 弄 泉 甭 绰 杠 **两字词** 参照 餐馆 草本 侧门 层级 幡然 繁华 反馈 返航 坊间 内涵 泥浆 年糕 酿造 扭捏 **四字词** 能工巧匠 鸟语花香 老当益壮 厚积薄发 百废俱兴 排山倒海 巧言令色 忍俊不禁 善始善终 亭亭玉立
	2．进行单音节字声调发音抢答 抢到答题机会的成员应先读出单音节字，再说出该字的声调。1 组单音节字要在 90 秒钟内完成。记录员要记下本组成员读错或说错声调的字。
	3．进行两字词声调发音抢答 抢到答题机会的成员应先读出两字词，再说出每个字的声调。1 组两字词要在 90 秒钟内完成。记录员要记下本组成员读错或说错声调的词。
	4．进行四字词声调发音抢答 抢到答题机会的成员应先读出四字词，再说出每个字的声调，还要说出四字词的意思。1 组四字词要在 150 秒钟内完成。记录员要记下组员读错、说错声调或含义的词。
	5．比赛评分 各组组长对比赛进行评分，评分标准如表 4-3 所示。（团队协作分由教师打。）
	6．总结经验 各组成员讨论本组在此次比赛中的综合表现，并总结声调发音的相关经验。

表 4-3 评分标准

评价项目	评分标准	分值	得分
单音节字	读对 1 个单音节字得 0.5 分，读错不得分；说对 1 个单音节字的声调得 0.5 分，读错不得分；1 组单音节字应在 90 秒钟内完成，每超时 5 秒扣 0.5 分	30 分	
两字词	读对 1 个两字词得 1 分，读错不得分；说对 1 个两字词的声调得 1 分，说错不得分；1 组两字词应在 90 秒钟内完成，每超时 5 秒扣 0.5 分	30 分	
四字词	读对 1 个四字词得 1 分，读错不得分；说对 1 个四字词的声调得 1 分，说错不得分；说对 1 个四字词的意思得 1 分，说错不得分；1 组四字词应在 150 秒钟内完成，每超时 5 秒扣 0.5 分	30 分	
团队协作	团队成员分工明确，相互配合，表现良好	10 分	
合　计		100 分	

【项目考核】

各组成员结合课前、课中和课后的学习情况，按照表 4-4 的评价标准对该项目的学习效果进行自评和互评，并请老师进行总体评价。

表 4-4 项目考核评价表

考核内容	评价标准	分值	评价得分		
			自评	互评	师评
知识与技能考核（40%）	能简要阐述声调的含义及作用	10 分			
	能举例说明调值、调类和调号	10 分			
	能简要阐述方言声调和普通话声调的区别	10 分			
	能正确地运用声调的发音方法	10 分			
过程与方法考核（20%）	课前积极预习本项目的内容	5 分			
	课中认真听讲，并积极参与课堂互动	10 分			
	课后主动复习所学知识，并积极参与抢答活动	5 分			
综合素养考核（40%）	具有良好的学习态度，自觉查找并纠正自己的不准确发音	10 分			
	具有团队精神，能够积极地与他人合作	10 分			
	自觉增强国家通用语言文字规范意识，积极参加中华优秀语言文化活动，并传承中华优秀传统文化	20 分			
总评	自评（30%）+互评（30%）+师评（40%）=	教师（签名）：			

项目五

音节——让发音响亮自然

【引言】

音节是语音结构的基本单位，任何词和句都可以分解为一个个的音节来进行朗读。前面的章节介绍了音节的基本概念，本章主要从音节的构成、拼读、拼写等方面进行深入而细致的讲解。

【学习清单】

完成一项学习任务后，请在对应的方框中打“√”。

课前预习

- □ 1. 通过网络或书籍，了解音节的概念及构成要素。
- □ 2. 练习“轻车熟路”“含辛茹苦”“先入为主”等四字词语的发音，感受普通话音节的构成和不同音节的发音技巧。

课中学习

- □ 1. 了解音节的构成要素，以及与声母、韵母、声调之间的配合原则。
- □ 2. 掌握音节的拼读要领、拼读方法及定调方法。
- □ 3. 掌握音节的拼写规则。
- □ 4. 通过朗读单音节字、双音节词语、四字词语及诗句，进行音节相拼训练。

课后实践

- □ 1. 积极、认真地参与音节拼读实训活动（如双音节词语拼读、诗句拼读、拼写改错等），提高音节的拼读及拼写技能。
- □ 2. 巩固知识所学知识，与同学交流拼写音节过程中的常见错误及修改方案。

素养培育

- □ 1. 通过朗读经典古诗文，领略中国汉语的韵律与节奏之美，体会先贤的思想与情怀，感受中国传统文化的魅力，提升自身的文化素养。
- □ 2. 训练音节拼读及拼写的技能，提升自己普通话的素养，并使用普通话传播中国文化。

【知识讲堂】

任务一　了解音节的结构

一、音节的构成要素

按照传统的汉语音节结构分析方法，普通话的音节一般由声母、韵母、声调三个要素构成。其中，韵母又可分为韵头、韵腹和韵尾。因此，音节实际上包含声母、韵头、韵腹、韵尾、声调五个部分，但是有些音节缺少其中的一部分或几部分。普通话音节的结构分析示例如表 5-1 所示。

表 5-1　普通话音节的结构分析示例

例字	读音	构成要素				
		声母	韵头	韵腹	韵尾	声调
桨	jiǎng	j	i	a	ng	上声
衷	zhōng	zh		o	ng	阴平
失	shī	sh		-i（后）		阴平
绝	jué	j	ü	e		阳平
玉	yù			ü		去声
亚	yà		i	a		去声
爱	ài			a	i	去声
娃	wá		u	a		阳平

二、音节各构成要素之间的配合

普通话中，声母、韵母、声调的配合是有一定规律的，并不是所有的声母与韵母都存在拼合关系。例如，声母 b 永远不跟撮口呼韵母 ü、üe、ün、iong 等拼合。

（一）声母和韵母的配合

普通话中，声母和韵母配合的规律性主要表现在不同发音部位的声母和韵母“四呼”（即开口呼、齐齿呼、合口呼和撮口呼）的配合关系上。根据声母的发音部位和韵母“四呼”，可对声母和韵母的配合关系进行归纳，声母和韵母的配合关系简表如表 5-2 所示。

表 5-2　声母和韵母的配合关系简表

声母	开口呼	齐齿呼	合口呼	撮口呼
双唇音 b、p、m	有	有	仅限于 u	无
唇齿音 f	有	无	仅限于 u	无
舌尖中音 d、t	有	有	有	无
舌尖中音 n、l	有	有	有	有
舌面后音 g、k、h	有	无	有	无
舌面前音 j、q、x	无	有	无	有
舌尖后音 zh、ch、sh、r	有	无	有	无
舌尖前音 z、c、s	有	无	有	无
零声母	有	有	有	有

（二）声母、韵母和声调的配合

普通话中，每个音节都有一个声调，声调不同，意义也不同。声调使得音节界限分明，具有韵律美。普通话中，声母、韵母和声调的配合呈现出以下特点：

① 以 4 个浊音 m、n、l、r 为声母的阴平字很少且一般为口语中常用的字，如“妈（mā）”“猫（māo）”“妞（niū）”“拉（lā）”“扔（rēng）”等。

② b、d、g、j、zh、z 这 6 个不送气音声母与鼻韵母相拼组成的字中，基本上没有阳平字，但“咱（zán）”“甭（béng）”等口语字是例外。

任务二　掌握音节的拼读和拼写技巧

一、音节的拼读

（一）拼读的基本要领

音节的拼读是指依据普通话的语音结构规律，把声母和韵母急速、连续地拼读成一个音节。其要领是“前音轻短后音重，两声相连猛一碰”。要读准拼音，需要注意以下几点：

① 声母的发音应轻、短，韵母的发音应响、重。韵母都是由元音或元音加鼻辅音构成的，发音时声带振动，声音一般比较响亮。

② 声母、韵母之间不要有停顿，而要连续发音，即“两音相连猛一碰”。如果音节中间停顿了，就可能使一个音节被割裂成两个音节。例如，“鼓（gǔ）”是一个音节，如果拼读时声母和韵母中间停顿了，就会被念成“歌舞（gēwǔ）”两个音节。

③ 不能丢失介音。凡是有介音（韵头）的音节，在拼读时必须把介音读准、读清楚，否则会导致音节发生变化。

（二）拼读的方法

拼读的方法主要有以下三个：

① 两拼法。把音节分成声母和韵母两个部分进行拼读，即不管韵母是单韵母还是复韵母，都将其当作一个整体与声母相拼，如 sh—ǎo→shǎo（少），d—uǎn→duǎn（短）。

② 三拼法。把音节分成声母、韵头及韵母的其余部分进行拼读，如 j—i—àn→jiàn（建），n—i—áng→niáng（娘）。

③ 声介合拼法。先将声母和韵头合成一个部分，称为基础音节，然后再将其与韵母的其余部分相拼成音节，如 hu—àn→huàn（换），zhu—āng→zhuāng（装）。这种方法只适用于有韵头的音节。

（三）定调的方法

学生可采用以下几种定调方法拼读音节：

① 音节数调法。无论什么声调的音节，一律先按阴平、阳平、上声、去声的顺序来读，然后再确定所要读的声调，如桃 t—ao→tao（tāo táo tǎo tào）—táo。

② 韵母带调法。先确定好韵母的声调，然后用声母跟带声调的韵母相拼，读出音节。这种方法定调较迅速、直接，如纯 ch—ún→chún，洁 j—ié→jié。

③ 二次定调法。先把声母、韵母拼成音节形式，然后加上某个声调，如康 kang→kāng，平 ping→píng。

在熟悉了拼读方法和定调方法后，就可以采用直呼音节的方法定调了，即直接读出带声调的音节。

二、音节的拼写

（一）y、w 在拼写中的用法

以 i、u、ü 开头的零声母音节，在拼写时通常用 y、w 开头，以标明音节界限。y、w 的具体用法如下：

① i、u 开头的韵母自成音节时，若此韵母只有一个元音，则在此韵母前加 y、w，如 ī→yī（衣），ū→wū（乌）；若此韵母有两个或三个元音，则把第一个字母 i、u 分别改写成 y、w，如 iōng→yōng（拥），uān→wān（弯）。

② ü 开头的韵母自成音节时，应在其前面加 y，同时去掉 ü 上的两点，如 ú→yú（鱼），üán→yuán（源）。

（二）拼音的省写

1. ü 上两点的省写

ü 和 ü 开头的韵母（撮口呼）与声母 j、q、x 相拼或自成音节时，ü 上的两点要省略，如“捐（juān）”“躯（qū）”“需（xū）”“遇（yù）”。

2. iou、uei、uen 的省写

在普通话中，韵母 iou、uei、uen 与多数声母拼合之后（也包括受声调影响），其中的元音 o、e 在不同程度上变得不明显，主要元音（即发音最响亮的元音）移到了 i 或 u 上。所以，如果这些韵母前面有声母，在拼写时应省去元音字母 o、e，如 m—iou→miu，d—uei→dui，ch—uen→chun。

（三）隔音符号的用法

大部分基本音节中，辅音声母和 y、w 都可以看作音节界限的标志。而以 a、o、e 开头的零声母音节，当它们连接在其他音节后面时，为标明音节界限，应在前面加隔音符号“'”，如 pí'ǎo（皮袄），fān'àn（翻案），míng'é（名额）。

（四）字母大写规则

① 汉语人名按姓和名分写且姓和名的开头字母均应大写；笔名、别名等也应按姓名来处理。

Zhōu Xīnshí（周馨时） Mǎ Lì（马莉）

Línghú Chōng（令狐冲） Zhāng Sān（张三）

② 姓名应和职务、称呼等分开写，职务、称呼的开头字母要小写。

Tán xiàozhǎng 谭校长 Wáng lǎoshī 王老师

③ “老、小、大、阿”等字用于称呼时，开头的字母要大写。

Lǎo Yú（老余） Xiǎo Lǐ（小李）

Dà Niú（大牛） Ā Zhī（阿芝）

④ 已成为专名的称呼要连写且开头的字母要大写。

Mèngzǐ（孟子） Qítiāndàshèng（齐天大圣）

⑤ 汉语地名中的专名和通名分写，每部分的第一个字母要大写。

Chéngdū Shì（成都市） Guìzhōu Shěng（贵州省）

Qīngchéng Shān（青城山） Póyáng Hú（鄱阳湖）

⑥ 句子、诗行的开头字母都要大写。

Wǒmen yào wēixiào miànduì shēnghuó.（我们要微笑面对生活。）

⑦ 商标、标牌等可全部大写并省略调号。

CHANGHONG（长虹） DEYUCHU（德育处）

（五）移行规则

当本应连写的词语结构写到一行末尾仍未写完时，可以把它拆开，在下行继续写，这叫移行。移行时须将整个音节移转至下行，而不能把一个音节从中间拆开来移行，并在上一行末尾加一个短横线“-”。

例如，“shàngyóu（上游）”移行。

正确写法：

“……………………………………shàng-

yóu”

错误写法：

“……………………………………sh-

àngyóu”

任务三　进行音节相拼训练

由于音节中各个音素所处的前后位置不一样，发音的力度和饱满度也会发生一点儿变化。声母的发音要稍微用力，使语流中的音节界限清晰。韵母中，韵头的发音要轻而短，发音后快速向韵腹滑动；韵腹的发音要饱满完整，响亮清晰；元音韵尾的发音比较含混，辅音韵尾要注意从元音韵腹向鼻辅音过渡，逐渐增加鼻音色彩，最后发音部位要闭塞。

熟练掌握不同音素在音节和语流中的细微变化，可以使普通话语流趋向准确和清晰。本节将主要针对西南方言区的人在发音时所存在的问题进行强化训练。

课堂互动

请同学们拼读下列词语，感受不同音节的发音方法，然后与同学讨论你在拼读音节时遇到的问题，并探讨解决问题的方案。

歌舞（gēwǔ）　恒星（héngxīng）　苦楚（kǔchǔ）　跟踪（gēnzōng）

无助（wúzhù）　指针（zhǐzhēn）　恳求（kěnqiú）　琳琅（línláng）

一、舌面后音与前鼻韵母 en 相拼训练

音节训练 1

g、k、h 是舌面后音，en 是前鼻韵母，声韵结合的 gen、ken、hen 这三个音节的发音容易往后滑。在读这三个音节时，一定要找准 en 的舌位。发 en 音时舌尖要抵住下齿背，舌尖的隆起部位应该前移，不要受声母的影响而后滑。

1. 读音节

g-en-gen　　k-en-ken　　h-en-hen

gen-ken-hen

2. 读双音节词语

开垦 kāikěn　　仇恨 chóuhèn　　中肯 zhòngkěn

脚跟 jiǎogēn　　亘古 gèngǔ　　恳求 kěnqiú

很多 hěn duō　　疤痕 bāhén　　狠心 hěnxīn

饮恨 yǐnhèn

3. 读四字词语

读下列四字词语，注意加着重号的字的读音。

叶落归根（gēn）　　怀恨（hèn）在心　　跟（gēn）踪追击

伤痕（hén）累累　　老牛啃（kěn）草　　大雪无痕（hén）

二、舌尖后音与单韵母 u 相拼训练

西南方言区的人在发单韵母 u 时往往不够标准，主要表现为双唇有摩擦，或舌位比较靠前，唇形不够圆。在纠正时应注意：u 是圆唇韵母中唇形最圆的，在发音时一定要强调唇形；双唇不能有摩擦，舌身应后缩而不是前伸。

舌尖后音 zh、ch、sh、r 作声母与 u 相拼时，应稍微读得有力一点儿，不要受后面韵母的影响而导致后翘不够。

1. 读音节

u-zhu　　u-chu　　u-shu　　u-ru

zhu-chu-shu-ru

2. 读双音节词语

无助 wúzhù　　屋主 wūzhǔ　　部署 bùshǔ

酷暑 kùshǔ　　古书 gǔshū　　住处 zhùchù

枯树 kūshù　　读出 dúchū　　苦楚 kǔchǔ

自主 zìzhǔ　　譬如 pìrú　　书橱 shūchú

秘书 mìshū　　吸入 xīrù　　珍珠 zhēnzhū

专著 zhuānzhù　　好处 hǎochù　　输出 shūchū

老鼠 lǎoshǔ　　出入 chūrù　　著述 zhùshù

如数 rúshù　　入住 rùzhù　　侏儒 zhūrú

3. 读四字词语

读下列四字词语，注意加着重号的字的读音。

先入为主（zhǔ）	神出（chū）鬼没	挣脱束（shù）缚
轻车熟（shú）路	著书（shū）立说	含辛茹（rú）苦

4. 朗读诗句

朗读下列诗句，注意加着重号的字的读音。

人生若只如初（rúchū）见，何事秋风悲画扇。等闲变却故人心，却道故人心易变。

——清·纳兰性德《木兰花令》

江南好，风景旧曾谙。日出（chū）江花红胜火，春来江水绿如（rú）蓝。能不忆江南？

——唐·白居易《忆江南》

移舟泊烟渚（zhǔ），日暮客愁新。野旷天低树（shù），江清月近人。

——唐·孟浩然《宿建德江》

三、舌尖后音与前鼻韵母 en 相拼训练

读 zh、ch、sh、r 时，舌尖前部要抬起并后翘；而读 en 时，舌尖要抵住下齿背。这就使得许多人受前面声母的影响，在读 zhen、chen、shen、ren 等音节时，前鼻韵母 en 的发音部位易后滑。反过来，如果过分强调 en 到位，最后舌尖一定要抵住下齿背，又容易导致声母 zh、ch、sh、r 不到位，有的人甚至将其发成了 z、c、s、[z]。这类发音不准确的人可以通过以下练习，尽快掌握正确的发音方法。

1. 读音节

zhi-zhen　　chi-chen　　shi-shen　　ri-ren

音节训练 2

2. 读双音节词语

指针 zhǐzhēn	市镇 shìzhèn	吃人 chī rén
失真 shīzhēn	湿疹 shīzhěn	政审 zhèngshěn
日神 rìshén	世人 shìrén	置身 zhìshēn
深沉 shēnchén	仁人 rénrén	圣人 shèngrén
婶婶 shěnshen	深圳 Shēnzhèn	称身 chènshēn
真身 zhēnshēn	妊娠 rènshēn	成真 chéngzhēn
认真 rènzhēn	证人 zhèngrén	胜任 shèngrèn

3. 读四字词语

读下列四字词语，注意加着重号的字的读音。

杀身成仁（rén）	风尘（chén）仆仆	推陈（chén）出新
海底捞针（zhēn）	生辰（chén）八字	趁（chèn）热打铁

4. 朗读诗句

朗读下列诗句，注意加着重号的字的读音。

不畏浮云遮望眼，自缘身（shēn）在最高层。

——北宋·王安石《登飞来峰》

年年岁岁花相似，岁岁年年人（rén）不同。

——唐·刘希夷《代悲白头翁》

春色三分，二分尘（chén）土，一分流水。

——北宋·苏轼《水龙吟·次韵章质夫杨花词》

四、边音声母 l 与鼻韵母相拼训练

1. 读音节

la-lan-lang	le-leng	li-lin-ling
lia-lian-liang	lu-lun-luan	

2. 读双音节词语

莅临 lìlín	楼兰 Lóulán	流连 liúlián
牢笼 láolóng	泪腺 lèixiàn	来临 láilín
拉拢 lālǒng	勒令 lèlìng	冷落 lěngluò
连理 liánlǐ	沦落 lúnluò	两利 liǎnglì
量力 liànglì	林立 línlì	轮流 lúnliú
令郎 lìngláng	琳琅 línláng	零乱 língluàn

3. 读四字词语

读下列四字词语，注意加着重号的字的读音。

天真烂（làn）漫	君临（lín）天下	评头论（lùn）足
模棱（léng）两（liǎng）可	聪明伶（líng）俐	淋（lín）漓尽致

4. 朗读诗句

朗读下列诗句，注意加着重号的字的读音。

泪眼问花花不语，乱（luàn）红飞过秋千去。

——北宋·欧阳修《蝶恋花》

散入珠帘（lián）湿罗幕，狐裘不暖锦衾薄。

——唐·岑参《白雪歌送武判官归京》

烟笼（lǒng）寒水月笼沙，夜泊秦淮近酒家。

——唐·杜牧《泊秦淮》

汉字是人类早期发明的、延续时间最长且从未中断的文字。它有五千年的发展历程，表现出强大的生命力。

汉字既可以记音，又可以摆脱方言的束缚而存在，可以为使用不同语言的族群所共同使用，造就了多族群、多民族、多地域的文化认同，极大地维系了中华民族的大一统。

汉字孕育了中华民族的思想、历史、文学、艺术，让中国人的精神生活异常丰富多彩。

汉字是中华民族雄浑豪迈、生生不息灵性之结晶，是与一切西方语言文字迥然不同而内涵深邃的“文化魔方”。今天，无论走到哪里，只要看到汉字，人们的大脑中就会立刻闪现出一个伟大的国度——中国！

【实战演练】

音节拼读“大本营”

活动目的

通过拼读训练，熟悉音节的构成要素，掌握音节的拼读要领及拼写方法，提高普通话发音技能。

活动描述

全班学生以小组为单位开展音节拼读“大本营”活动。活动主要分为两个环节：音节拼读训练（包括单音节字拼读、双音节词语拼读和诗句拼读）、音节拼写训练（包括拼写改错和词语注音）。各组成员按照各项任务的具体要求，准备拼读材料，并开展拼读训练。

活动分组

全班学生每 5~7 人为一组，各组选出组长并进行任务分工，将小组成员及分工情况填入表 5-3 中。

表 5-3　小组成员及分工情况

班级：＿＿＿＿＿＿　组号：＿＿＿＿＿＿　指导教师：＿＿＿＿＿＿

小组成员	姓名	学号	任务分工
组长			
组员			

活动实施

各组按照小组分工情况开展实践活动，并将具体的实施情况记录在表 5-4 中。

表 5-4　实施情况记录表

<table>
<tr><th>时间安排</th><th>实施步骤</th></tr>
<tr><td></td><td>1. 单音节字拼读
① 搜集拼读材料。各组成员每人搜集一组单音节字（参考如下）。
单音节字
kěn（肯）　bā（疤）　zhòng（种）　kù（酷）
zhuān（专）　chú（锄）　zhēn（针）　zhì（智）
liàng（量）　lè（勒）　chén（陈）　luò（骆）
luàn（乱）　gēn（根）　yōng（拥）　miǎn（勉）
② 交换材料。小组成员与组内成员互相交换拼读材料。
③ 开始拼读。当一人拼读时，其他人仔细倾听，并指出拼读发音所存在的问题。</td></tr>
<tr><td></td><td>2. 双音节词语拼读
① 搜集拼读材料。各组成员每人搜集一组单音节词语（参考如下）。
双音节词语
nǎohèn（恼恨）　wūzhǔ（屋主）　zhēnzhū（珍珠）
lìrú（例如）　shēnchén（深沉）　rénrén（人人）
hěnxīn（狠心）　láolóng（牢笼）　liànglì（靓丽）
lúnliú（轮流）　láilín（来临）　shīzhēn（失真）
② 抽取材料。小组成员在组内以抽签的形式抽取拼读材料。
③ 开始拼读。当一人在拼读时，其他成员仔细倾听，并指出其拼读发音所存在的问题。</td></tr>
<tr><td></td><td>3. 诗句拼读
① 搜集诗句。小组成员每人搜集三组诗句（参考如下）。
qiān（千）chuí（锤）wàn（万）záo（凿）chū（出）shēn（深）shān（山），liè（烈）huǒ（火）fén（焚）shāo（烧）ruò（若）děng（等）xián（闲）。
——明 • 于谦《石灰吟》</td></tr>
</table>

续表

时间安排	实施步骤
	péng（蓬）shān（山）cǐ（此）qù（去）wú（无）duō（多）lù（路），qīng（青）niǎo（鸟）yīn（殷）qín（勤）wéi（为）tàn（探）kàn（看）。 ——唐·李商隐《无题》 cháng（长）fēng（风）pò（破）làng（浪）huì（会）yǒu（有）shí（时），zhí（直）guà（挂）yún（云）fān（帆）jì（寄）cāng（沧）hǎi（海）。 ——唐·李白《行路难》 ② 交换拼读材料。小组成员与组内其他人交换材料。 ③ 组内拼读。小组成员进行拼读。当一人拼读时，其他人仔细倾听，对其拼读效果进行评价，并指出其存在的问题。
	4. 拼写改错 根据声韵配合规律，小组成员指出下列各词的拼写存在什么错误，并试着改正。将改正的内容写在空白处。 论文（luèn uén）　慰问（wuì uèn）　要求（iāo qiu） 银耳（ín ěr）　飞跃（fēi ùe）　数额（shù e） 鱼头（yú tóu）　规律（guēi lù）　小红（Xiǎo hóng） 山东省（Shān dōngshěng）　李老师（Lǐ lǎoshī）
	5. 词语注音 ① 搜集与交换。各组成员每人搜集 5 组词语（参考如下），并与组内其他成员交换。 方寸　滑雪　家长　晋升　军装　好处 入住　开水　廉洁　全面　忍耐　恳求 很多　疤痕　世人　伤心　实在　色彩 缩短　深圳　胜任　轮廓　循环　药材 运转　暂且　招聘　尊严　门诊　怒吼 ② 词语注音。各组成员给换得的 5 组词语注音。
	6. 交流讨论 小组成员就拼读及注音时的常见疑问，与组内其他成员进行交流。

【项目考核】

各组成员结合课前、课中和课后的学习情况，按照表5-5的评价标准对该项目的学习效果进行自评和互评，并请老师进行总体评价。

表5-5 项目考核评价表

考核内容	评价标准	分值	评价得分		
			自评	互评	师评
知识与技能考核（40%）	能够简要阐明音节的构成要素	10分			
	能简要阐述音节与各构成要素之间的配合原则	15分			
	能够正确地运用拼读及拼写音节的方法	15分			
过程与方法考核（20%）	课前能够通过网络等途径，初步了解音节的基本知识	5分			
	课中积极参与课堂互动，并踊跃发表自己的看法	5分			
	课后积极开展实践活动，主动分析自己发音上的不足之处，并积极地改进与完善	10分			
综合素养考核（40%）	具有团队精神，能够积极地与他人合作	10分			
	能通过实践提高拼读及拼写的技能，增强对祖国语言文字的热爱之情	15分			
	能够通过朗读训练，体会中国汉语的音韵美及古诗词的魅力，领悟传统文化的情感	15分			
总评	自评（30%）+互评（30%）+师评（40%）=	教师（签名）：			

项目六

音变——充满变化的声音

【引言】

人们在说话时，不是念出一个个孤立的音节，而是要将音节组成一连串自然的“语流”。在连续发音的过程中，由于相邻音节的相互影响，有些音节的读音发生了一定的变化，这就是语流音变。普通话中常见的语流音变现象有变调、轻声、儿化、“啊”的变读等。语流音变是学习普通话的难点之一，掌握和运用普通话语流音变规律，可以使发音更加自然、和谐。

【学习清单】

完成一项学习任务后，请在对应的方框中打“√”。

课前预习

- □ 1. 预习课本，了解变调、轻声、儿化和“啊”的变读规律。
- □ 2. 和同学一起练习“展览馆”“看一看”“桌子”“真大啊”这几个词的发音，并相互评价。

课中学习

- □ 1. 了解上声、“一”和“不”的变调规律。
- □ 2. 了解轻声的概念和语音特性，掌握变读轻声的规律。
- □ 3. 了解儿化的概念和作用，掌握儿化的音变规律。
- □ 4. 熟悉叹词“啊”和语气词“啊”的音变规律。
- □ 5. 认真地进行变调、轻声、儿化和“啊”的音变训练。

课后实践

- □ 1. 积极地开展音变知识竞赛活动，将所学知识运用到竞赛活动中去。
- □ 2. 在日常生活中，注意轻声、儿化和“啊”等的正确发音。

素养培育

- □ 1. 感受普通话中常见的音变现象，领略汉语的魅力。
- □ 2. 注意普通话中的其他音变现象，提高自己的探索能力和总结能力。

【知识讲堂】

任务一　了解变调

变调是指在多个音节连续发音时，有些音节的声调受相邻音节声调的影响，会发生音高变化。普通话中的变调主要有上声的变调、“一”和“不”的变调。

一、上声的变调

变调

上声在单个音节发音或在多音节词末尾、句子末尾时，调值不变；而在词语或句子中间时，调值要发生变化。上声的变调规律主要包括以下几种：

① 两个上声相连，变为阳平（35）+上声（214）。

例词：领导　　了解　　演讲
　　　懒散　　买主　　美好

② 上声+非上声（阴平、阳平、去声、轻声），上声调值变为半上声（21）。

例词：保温　　饼干　　祖国
　　　海洋　　解放　　土地
　　　尾巴　　老婆　　往昔

③ 三个上声相连，前两个上声要变调。分两种情况：

一是前两个字连读时（214+214）+214，变为35+35+214。

例词：虎骨酒　　考古所　　展览馆

二是后两个字连读时214+（214+214），变为21+35+214。

例词：小拇指　　很勇敢　　有理想

为帮助记忆，上声的变调规律可概括为以下口诀：上上连着念，前上变为阳；阴阳去轻前，全上变半上。

二、“一”和“不”的变调

（一）“一”的变调

“一”的原调是阴平，调值是55。它的变调情况包括以下三种：

① “一”+去声，变为阳平（35）+去声。

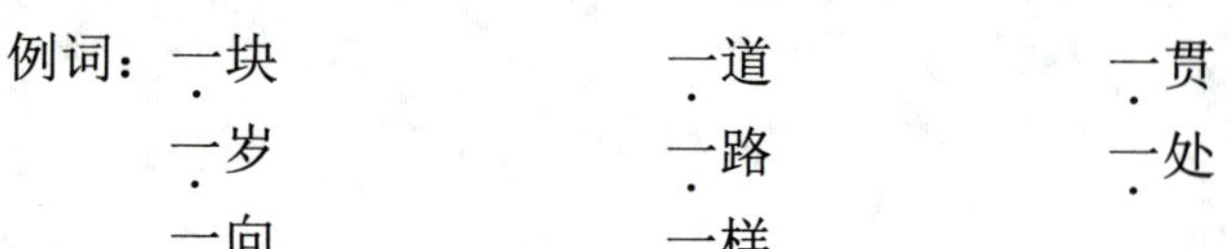

例词：一块　　一道　　一贯
一岁　　一路　　一处
一向　　一样

② “一”+非去声（阴平、阳平、上声、轻声），变为去声（51）+非去声。

例词：一天　　一张　　一年
一同　　一碗

③ “一”夹在重叠式动词之间，变为轻声。

例词：看一看　　尝一尝　　走一走
听一听　　想一想　　问一问

“一”的变调规律可概括为以下口诀：“一”字本调是阴平，阴阳上前变去声，去声前面变阳平，叠词中间变轻声。

（二）“不”的变调

“不”的原调是去声，调值是51。它的变调情况主要包括以下两种：

① “不”+去声，变为阳平（35）+去声。

例词：不必　　不过　　不便
不测　　不妙

② “不”夹在词语之间，变为轻声。

例词：去不去　　要不要　　打不开
走不动

“不”的变调规律可概括为以下口诀：“不”字本调是去声，去声字前读阳平，夹在词中读轻声。

注　意

“一”“不”单独存在或在词句末时念原调，如“一（yī）”“统一（tǒngyī）”“不（bù）”“偏不（piān bù）”。

任务二　熟悉轻声

一、什么是轻声

在一连串音节组成的词或句子里，某些音节失去了它原有的声调，被读得又轻又短，这就是轻声。轻声是音节连读时产生的一种变调现象，它不是一个独立的调类。轻声一定出现在词语和句子中，没有独立存在的轻声音节。

二、轻声的语音特性

轻声的语音特性体现在音长和音高两个方面。从音长上看，轻声音节的音长一般比较短；从音高上看，轻声音节失去原有的声调调值，变为轻声音节特有的音高形式。

三、变读轻声的规律

轻声是普通话语音的一个重要特点，也是人们学习普通话的一个难点。要学会一口漂亮的普通话，掌握好轻声是非常重要的。轻声音节一般出现在口语中，大致有以下一些规律：

轻声

① 助词“着、了、过、的、地、得”等读轻声。

例词：坐着　　看了　　吃过
　　　你的　　飞快地跑了　　干得好

② 语气词“吗、吧、呢、呀、嘛”等读轻声。

例词：是吗　　好吧　　他呢
　　　谁呀　　说嘛

③ 词缀“子、头、巴、么”等读轻声。

例词：桌子　　剪子　　馒头
　　　指头　　嘴巴　　尾巴
　　　怎么　　那么

④ 表示方位的词素一般读轻声。

例词：地上　　山底下　　这边
　　　后面　　村子里

⑤ 趋向动词“来、去、上来、下去、起来”等做趋向补语时一般读轻声。

例词：拿来　　出去　　爬上来
　　　走下去　　热起来

⑥ 部分重叠词的第二个音节，ABAB 式动词的第 2 个、第 4 个音节，AABB 式形容词的第二个音节，一般读轻声。

例词：爸爸　　叔叔　　星星
　　　蛐蛐　　说说　　走走
　　　看看　　尝尝　　研究研究
　　　讨论讨论　　热热闹闹　　老老实实

⑦ 部分常用的双音节词的第二个音节，按照约定俗成的习惯读轻声。

例词：蛤蟆　蘑菇　葫芦
玻璃　糊涂　唠叨
马虎　哆嗦　先生
事情　规矩　棉花
暖和　朋友　护士

任务三　熟知儿化

一、儿化概述

（一）什么是儿化

普通话中的儿化现象主要由词尾“儿”变化而来。词尾“儿”本是一个独立的音节，由于在口语中处于轻读的地位，长期与前面的音节连读而产生了音变。“儿”失去了独立性，与它前面的音节结合成一个音节，使这个音节的韵母带上卷舌音色，这种语音现象就是儿化。我们把这种带有卷舌音色的韵母称为“儿化韵”。

（二）儿化的作用

儿化具有区分词义、区别词性和表示感情色彩的作用。有的儿化仅区分词义，例如，“眼”和“眼儿”都是名词，“眼”的意思是眼睛，“眼儿”的意思是小孔。有的儿化既可区分词义，又可区分词性。例如，“画”是动词，表示动作行为，如“画一个苹果”；“画儿”是名词，表示一种物品，如“这儿有一幅画儿”。

儿化还表示细小、轻微的意义，被儿化的事物往往都是比较小的事物，如“乒乓球儿”。另外，儿化还能表达亲切、喜爱之情，如“小家伙儿”。儿化一般在口语和口语化的书面语中用得较多，在比较正式、庄重的场合使用较少。

二、儿化的音变规律

① 无韵尾或韵尾是 u 的音节，儿化时在韵母后直接加 r（表示卷舌作用）。

例词：山坡儿 shānpōr　小猴儿 xiǎohóur　台阶儿 táijiēr
方格儿 fānggér　水珠儿 shuǐzhūr　小花儿 xiǎohuār

儿化

② 韵尾是 i、n（除 in、ün 外）的音节，儿化时去掉韵尾的 i 或 n，加 r。

例词：小孩儿 xiǎoháir　书本儿 shūběnr　糖块儿 tángkuàir
作文儿 zuòwénr　土堆儿 tǔduīr　长竿儿 chánggānr

③ 韵母是 in、ün 的音节，儿化时去掉韵尾 n，加 er。

例词：脚印儿 jiǎoyìnr　　花裙儿 huāqúnr　　彩云儿 cǎiyúnr

　　点心儿 diǎnxīnr　　合群儿 héqúnr

④ 韵母是 i、ü 的音节，儿化时加 er。

例词：玩意儿 wányìr　　眼皮儿 yǎnpír　　小曲儿 xiǎoqǔr

　　有趣儿 yǒuqùr　　小鸡儿 xiǎojīr　　金鱼儿 jīnyúr

⑤ 韵母是 -i（前）、-i（后）的音节，儿化时去掉-i［前］或-i［后］，加 er。

例词：大事儿 dàshìr　　果汁儿 guǒzhīr　　瓜子儿 guāzǐr

　　树枝儿 shùzhīr　　写字儿 xiězìr

⑥ 韵尾是 ng（除 ing 外）的音节，儿化时去 ng，加 r，主要元音鼻化。

例词：蛋黄儿 dànhuángr　　药方儿 yàofāngr　　天窗儿 tiānchuāngr

　　信封儿 xìnfēngr　　小王儿 Xiǎo Wángr

⑦ 韵母是 ing 的音节，儿化时去 ng，加 er，主要元音鼻化。

例词：水瓶儿 shuǐpíngr　　电影儿 diànyǐngr　　打鸣儿 dǎmíngr

　　打铃儿 dǎlíngr　　手柄儿 shǒubǐngr　　头领儿 tóulǐngr

注 意

拼注儿化音时，只在音节末尾加“r”即可，语音上的实际变化不必在拼写上表示出来。

任务四 掌握“啊”的变读

一、叹词“啊”

叹词“啊”的基本读音是“a”，但随着表达的感情不同，发出的声调也不同，主要包括以下几种情况：

“啊”的音变

① 啊（ā）——表示惊异或赞叹。

例如：啊（ā），花开啦！

　　啊（ā），峨眉日出真是美不胜收呀！

② 啊（á）——表示追问或难以相信。

例如：啊（á）？你说呀，你跑哪儿去了？

　　啊（á）？这真是他干的？

③ 啊（ǎ）——表示惊疑。

例如：啊（ǎ）？现在怎么处理呢？

④ 啊（à）——表示应诺、认可、明白过来了，或表示较强烈的惊异和赞叹。

例如：啊（à），我是小张，请问你是谁呀？

啊（à，音较长），是你呀！这么久没见着你，我还以为你出差了呢。

啊（à，音较长），长江——我们的母亲河！

二、语气词“啊”

在语流中，语气词“啊”的音变受它前面音节末尾音素的影响而有所不同，但是这种音变有一定的规律。

① 当“啊”前面音节的末尾音素是 a、e、i、ü 或 o（不包括 ao、iao）时，“啊”发“ya”的音，相当于“呀”。

例如：看戏啊（呀）kàn xì ya　真大啊（呀）zhēn dà ya

树叶啊（呀）shùyè ya　快刷啊（呀）kuài shuā ya

吃鱼啊（呀）chī yú ya　烤火啊（呀）kǎo huǒ ya

② 当“啊”前面音节的末尾音素是 u、ao 或 iao 时，“啊”发“wa”的音，相当于“哇”。

例如：好高啊（哇）hǎo gāo wa　真苦啊（哇）zhēn kǔ wa

买药啊（哇）mǎi yào wa　喝酒啊（哇）hē jiǔ wa

③ 当“啊”前面音节的末尾音素是 n 时，“啊”发“na”的音，相当于“哪”。

例如：亲人啊（哪）qīnrén na　够狠啊（哪）gòu hěn na

当心啊（哪）dāngxīn na　太紧啊（哪）tài jǐn na

老天啊（哪）lǎotiān na　真俊啊（哪）zhēn jùn na

④ 当“啊”前面音节的末尾音素是 ng 时，“啊”发“nga”的音。

例如：快唱啊 kuài chàng nga　这样啊 zhèyang nga

老王啊 Lǎo Wáng nga　真冷啊 zhēn lěng nga

不行啊 bùxíng nga　渔翁啊 yúwēng nga

⑤ 当“啊”前面音节的末尾音素是 er 或-i（后）时，“啊”发“ra”的音。

例如：女儿啊 nǚér ra　老师啊 lǎoshī ra

喜事啊 xǐshì ra　难吃啊 nán chī ra

报纸啊 bàozhǐ ra　树枝啊 shùzhī ra

⑥ 当“啊”前面音节的末尾音素是-i（前）时，“啊”发“za”的音。

例如：下次啊 xià cì za　写字啊 xiě zì za

公司啊 gōngsī za　骗子啊 piànzi za

告辞啊 gàocí za　有刺啊 yǒu cì za

课堂互动

请同学们朗读以下 4 个句子，并思考在朗读时应该如何把握变调、轻声、儿化及“啊”的变读。

① 仔细想一想，在你熟悉的人群中，你较为尊敬哪一位？

② 想着想着，我不由得背靠着一棵树，伤心地呜呜大哭起来。

③ 小山整把济南围了个圈儿，只有北边缺着点口儿。

④ 我仰望一碧蓝天，心底轻声呼喊：家乡的桥啊，我梦中的桥！

任务五　进行普通话音变训练

一、变调训练

（一）上声变调训练

1. 词语练习

变调训练

组织（zǔzhī）　小心（xiǎoxīn）　隐瞒（yǐnmán）
敏捷（mǐnjié）　挑逗（tiǎodòu）　老实（lǎoshi）
举止（jǔzhǐ）　保险（bǎoxiǎn）　影响（yǐngxiǎng）
也许（yěxǔ）　感慨（gǎnkǎi）　美好（měihǎo）
手写体（shǒuxiětǐ）　洗脸水（xǐliǎnshuǐ）　老保守（lǎobǎoshǒu）
厂党委（chǎngdǎngwěi）

2. 朗读片段

① 这使我们都很惊奇！这又怪又丑的石头，原来是天上的啊！它补过天，在天上发过热、闪过光，我们的先祖或许仰望过它，它给了他们光明、向往、憧憬；而它落下来了，在污土里，荒草里，一躺就是几百年了！

——节选自贾平凹《丑石》

② 其实你在很久以前并不喜欢牡丹，因为它总被人作为富贵膜拜。后来你目睹了一次牡丹的落花，你相信所有的人都会为之感动：一阵清风徐来，娇艳鲜嫩的盛期牡丹忽然整朵整朵地坠落，铺撒一地绚丽的花瓣。那花瓣落地时依然鲜艳夺目，如同一只奉上祭坛的大鸟脱落的羽毛，低吟着壮烈的悲歌离去。

——节选自张抗抗《牡丹的拒绝》

（二）“一”的变调训练

以下“一”字标的是变读后的音调。

1. “一”+去声→阳平+去声

一块 yí kuài　一道 yídào　一贯 yíguàn
一岁 yí suì　一路 yílù　一处 yí chù
一向 yíxiàng　一样 yí yàng

2. “一”+非去声→去声+非去声

一番 yìfān	一生 yìshēng	一端 yìduān
一元 yì yuán	一头 yì tóu	一群 yì qún
一两 yì liǎng	一桶 yì tǒng	一举 yìjǔ

3. “一”夹在重叠式动词中间，变读为轻声

读一读 dúyidú	看一看 kànyikàn	拉一拉 lāyilā
数一数 shǔyishǔ		

4. 朗读小故事

有一（yí）对新婚夫妇，两人相约，婚后一（yí）定要厉行节约，不能乱花钱。

有一（yì）天，先生下班后，跟在公共汽车后面一（yí）路跑回家，跑得上气不接下气。

“亲爱的，我今天省了两块钱，因为我没有花钱搭公共汽车，而是跟在公共汽车后面跑回来的，省钱又健身。怎么样？很棒吧！”

“你呀，笨死了！才省两块钱，你就这么高兴啊？”太太很不高兴地训斥起来，“你怎么不跟在一（yí）辆出租车后面跑回来，这样至少可以省几十块钱的车费了！”

（三）“不”的变调训练

以下“不”字标的是变读后的音调。

1. “不”+去声→阳平+去声

不会 búhuì	不是 búshì	不必 búbì
不在 búzài	不够 búgòu	不见 bújiàn

2. “不”夹在词语中间，变读为轻声

去不去 qùbuqù	吃不了 chībuliǎo	亮不亮 liàngbuliàng

3. 朗读小故事

一个妄想自己是老鼠的男人，终于获准可以从精神病院出院了。可是，他竟在医院出口处呆立不（bú）动，不（bù）敢出去。医生觉得奇怪，问其理由。

“因为那边有猫。”

“但你不（bú）是已经知道你不（bú）是老鼠了吗？”

“确实不（bú）错，但猫可能不（bù）知道呀！”

二、轻声训练

1. 有规律的轻声词训练

看着（zhe）	跑了（le）	好吧（ba）

来过（guo）　偷偷地（de）　馒头（tou）
我们（men）　房子（zi）　床上（shang）
屋里（li）　底下（xia）　过来（lai）
出去（qu）　打开（kai）　好起来（lai）
星星（xing）　要不（bu）要　试一（yi）试
罐头（tou）　里头（tou）　链子（zi）
南边（bian）　傻子（zi）　影子（zi）
石头（tou）　咱们（men）

轻声训练

2. 约定俗成的轻声词训练

爱人 àiren　包袱 bāofu　胳膊 gēbo
疙瘩 gēda　工夫 gōngfu　姑娘 gūniang
故事 gùshi　棺材 guāncai　明白 míngbai
规矩 guīju　闺女 guīnü　含糊 hánhu
核桃 hétao　合同 hétong　狐狸 húli
葫芦 húlu　力气 lìqi　伙计 huǒji
机灵 jīling　家伙 jiāhuo　见识 jiànshi
街坊 jiēfang　结实 jiēshi　戒指 jièzhi
精神 jīngshen　客气 kèqi　快活 kuàihuo
困难 kùnnan　喇叭 lǎba　篱笆 líba
老婆 lǎopo　老实 lǎoshi　老爷 lǎoye
凉快 liángkuai　粮食 liángshi　了不起 liǎobuqǐ
啰嗦 luōsuo　萝卜 luóbo　骆驼 luòtuo
麻烦 máfan　马虎 mǎhu　买卖 mǎimai
名堂 míngtang　名字 míngzi　模糊 móhu
脑袋 nǎodai　闹笑话 nào xiàohua　主意 zhǔyi
暖和 nuǎnhuo　盘算 pánsuan　朋友 péngyou
脾气 píqi　便宜 piányi　葡萄 pútao
漂亮 piàoliang　亲戚 qīnqi　清楚 qīngchu
热闹 rènao　人家 rénjia　认识 rènshi
棉花 miánhua　算盘 suànpan　商量 shāngliang
牲口 shēngkou　生意 shēngyi　师傅 shīfu
应酬 yìngchou　实在 shízai　时候 shíhou
收拾 shōushi　舒服 shūfu　岁数 suìshu
踏实 tāshi　态度 tàidu　体面 tǐmian
跳蚤 tiàozao　痛快 tòngkuai　委屈 wěiqu
喜欢 xǐhuan　吓唬 xiàhu　先生 xiānsheng
相声 xiàngsheng　消息 xiāoxi　笑话 xiàohua
兄弟 xiōngdi　休息 xiūxi　絮叨 xùdao

学生 xuésheng　　衙门 yámen　　哑巴 yǎba
胭脂 yānzhi　　烟筒 yāntong　　眼睛 yǎnjing
秧歌 yāngge　　养活 yǎnghuo　　吆喝 yāohe
妖精 yāojing　　衣服 yīfu　　意思 yìsi
运气 yùnqi　　在乎 zàihu　　冤枉 yuānwang
扎实 zhāshi　　招呼 zhāohu　　折腾 zhēteng
指甲 zhǐjia　　嘱咐 zhǔfu　　大爷 dàye

3. 读绕口令

读下列绕口令，注意加着重号的字的读音。

① 一二三，三二一，一二三四五六七。七种果子摆七样，苹果、桃子、石榴、柿子、李子、栗子和梨。

② 毛毛和涛涛，赛跑又跳高。毛毛跳不过涛涛，涛涛跑不过毛毛。毛毛起得早，教涛涛练习跑；涛涛起得早，教毛毛跳高。毛毛跳高跳过了涛涛，涛涛跑步跑过了毛毛。

4. 朗读片段

朗读下列片段，注意加着重号的字的读音。

① 燕子去了，有再来的时候；杨柳枯了，有再青的时候；桃花谢了，有再开的时候。但是，聪明的，你告诉我，我们的日子为什么一去不复返呢？——是有人偷了他们罢：那是谁？又藏在何处呢？是他们自己逃走了罢：现在又到了哪里呢？

——节选自朱自清《匆匆》

② 这女人编着席。不久在她的身子下面，就编成了一大片。她像坐在一片洁白的雪地上，也像坐在一片洁白的云彩上。她有时望望淀里，淀里也是一片银白世界。水面笼起一层薄薄透明的雾，风吹过来，带着新鲜的荷叶荷花香。但是大门还没关，丈夫还没回来。

——节选自孙犁《荷花淀》

三、儿化训练

儿化训练 1

1. 常用儿化词训练

请朗读下列常用儿化词（“一”标的是变读后的音调）。

包干儿 bāogānr　　冰棍儿 bīnggùnr　　差点儿 chàdiǎnr
大伙儿 dàhuǒr　　带儿 dàir　　兜儿 dōur
干活儿 gànhuór　　个儿 gèr　　光棍儿 guānggùnr
好玩儿 hǎowánr　　画儿 huàr　　活儿 huór
空儿 kòngr　　老头儿 lǎotóur　　聊天儿 liáotiānr
没事儿 méishìr　　面条儿 miàntiáor　　墨水儿 mòshuǐr
纳闷儿 nàmènr　　闹着玩儿 nàozhewánr　　年头儿 niántóur

玩儿 wánr
小孩儿 xiǎoháir
一个劲儿 yígèjìnr
一点儿 yìdiǎnr
座儿 zuòr
白班儿 báibānr
摆摊儿 bǎitānr
饱嗝儿 bǎogér
奔头儿 bèntour
不得劲儿 bùdéjìnr
出圈儿 chūquānr
打盹儿 dǎdǔnr
打杂儿 dǎzár
刀把儿 dāobàr
顶牛儿 dǐngniúr
豆腐脑儿 dòufunǎor
个头儿 gètóur
蝈蝈儿 guōguor
口哨儿 kǒushàor
快板儿 kuàibǎnr
哪会儿 nǎhuìr
那会儿 nàhuìr
脑儿 nǎor
捻捻转儿 niǎnnianzhuànr
一盘儿菜 yìpánrcài
跑腿儿 pǎotuǐr
片儿汤 piànrtāng
起名儿 qǐmíngr
球儿 qiúr
人儿 rénr
嗓门儿 sǎngménr
上座儿 shàngzuòr
要心眼儿 shuǎxīnyǎnr
送信儿 sòngxìnr
屉儿 tìr
透亮儿 tòuliàngr
围脖儿 wéibór
馅儿饼 xiànrbǐng

玩意儿 wányìr
心眼儿 xīnyǎnr
一会儿 yíhuìr
有点儿 yǒudiǎnr
挨个儿 āigèr
白醭儿 báibúr
败家子儿 bàijiāzǐr
爆肚儿 bàodǔr
鼻梁儿 bíliángr
岔道儿 chàdàor
串门儿 chuànménr
打嗝儿 dǎgér
单弦儿 dānxiánr
刀片儿 dāopiànr
顶事儿 dǐngshìr
豆角儿 dòujiǎor
够本儿 gòuběnr
锅贴儿 guōtiēr
裤衩儿 kùchǎr
愣神儿 lèngshénr
哪儿 nǎr
那么点儿 nàmediǎnr
泥胎儿 nítāir
鸟儿 niǎor
胖墩儿 pàngdūnr
皮板儿 píbǎnr
铺盖卷儿 pūgàijuǎnr
枪子儿 qiāngzǐr
蛐蛐儿 qūqūr
人影儿 rényǐngr
傻劲儿 shǎjìnr
收摊儿 shōutānr
死扣儿 sǐkòur
蒜瓣儿 suànbànr
铜子儿 tóngzǐr
兔儿爷 tùryé
围嘴儿 wéizuǐr
线轴儿 xiànzhóur

馅儿 xiànr
烟卷儿 yānjuǎnr
一块儿 yíkuàir
这会儿 zhèhuìr
拔尖儿 bájiānr
白干儿 báigānr
板擦儿 bǎncār
被窝儿 bèiwōr
病号儿 bìnghàor
唱片儿 chàngpiānr
搭茬儿 dāchár
打鸣儿 dǎmíngr
旦角儿 dànjuér
调门儿 diàoménr
豆腐干儿 dòufugānr
豆芽儿 dòuyár
够劲儿 gòujìnr
开刃儿 kāirènr
裤兜儿 kùdōur
脸蛋儿 liǎndànr
纳闷儿 nàmènr
那儿 nàr
栅栏儿 zhàlánr
藕节儿 ǒujiér
刨根儿 páogēnr
片儿会 piànrhuì
蒲墩儿 púdūnr
巧劲儿 qiǎojìnr
绕远儿 ràoyuǎnr
人缘儿 rényuánr
扇面儿 shànmiànr
树阴凉儿 shùyīnliángr
死心眼儿 sǐxīnyǎnr
碎步儿 suìbùr
头头儿 tóutour
玩儿命 wánrmìng
下本儿 xiàběnr
响儿 xiǎngr

相片儿 xiàngpiānr 小辫儿 xiǎobiànr 小曲儿 xiǎoqǔr
小心眼儿 xiǎoxīnyǎnr 邪门儿 xiéménr 行李卷儿 xínglijuǎnr
鸭儿梨 yārlí 烟嘴儿 yānzuǐr 沿边儿 yánbiānr
腰板儿 yāobǎnr 咬字儿 yǎozìr 爷们儿 yémenr
一丁点儿 yìdīngdiǎnr 开春儿 kāichūnr 一股劲儿 yìgǔjìnr
一股脑儿 yìgǔnǎor 一溜儿 yíliùr 一顺儿 yíshùnr
音儿 yīnr 影片儿 yǐngpiānr 有门儿 yǒuménr
早早儿 zǎozǎor 掌勺儿 zhǎngsháor 找茬儿 zhǎochár
照面儿 zhàomiànr 照片儿 zhàopiānr 这儿 zhèr
中不溜儿 zhōngbuliūr 中间儿 zhōngjiānr 抓阄儿 zhuājiūr
爪儿 zhuǎr 准儿 zhǔnr 走道儿 zǒudàor
走调儿 zǒudiàor 走味儿 zǒuwèir 做活儿 zuòhuór

2. 绕口令训练

① 进了门儿，倒杯水儿，喝了两口运运气儿。顺手拿起小唱本儿，唱一曲儿，又一曲儿，练完了嗓子我练嘴皮儿。绕口令儿，练字音儿，还有单弦儿牌子曲儿。小快板儿，大鼓词儿，又说又唱我真带劲儿！

② 有个小孩儿叫小兰儿，挑着水桶上庙台儿，摔了跟头儿拣了个钱儿，又打醋，又买盐儿，还买了一个小饭碗儿。小饭碗儿，真好玩儿，红花儿绿叶儿镶金边儿，中间儿有个小红点儿。

儿化训练 2

3. 朗读片段

请朗读下列片段（“一”和“不”标的是变读后的音调）。

最妙的是下点儿小雪呀。看吧，山上的矮松越发的青黑，树尖儿（jiānr）上顶着一髻儿（yíjìr）白花，好像日本看护妇（kānhùfù）。山尖儿全白了，给蓝天镶上一道银边。山坡上，有的地方雪厚点儿，有的地方草色还露着（lòuzhe）；这样，一道儿白，一道儿暗黄，给山们穿上一件带水纹儿的花衣；看着看着，这件花衣好像被风儿（fēng'ér）吹动，叫你希望看见一点儿更美的山的肌肤。等到快日落的时候，微黄的阳光斜射在山腰上，那点儿薄（báo）雪好像忽然害羞，微微露出点儿粉色。就是下小雪吧，济南是受不住（shòubuzhù）大雪的，那些小山太秀气（xiùqi）。

——节选自老舍《济南的冬天》

老舍是中国现代文学史上的著名作家，也是新中国第一位获得“人民艺术家”称号的作家，还是一位坚定的爱国主义者。他反对封建，又热爱祖国；反对帝国主义，又不盲目排外。在文学创作中，他用深沉的思考、敏锐的眼光，将自己的爱国思想融入其中，塑造了极其鲜明的创作个性与十分独特的艺术风格。强烈的民族自尊感和炽热的爱国主义，不仅是老舍先生的高贵品格，也是值得我们每个人学习和发扬的崇高而美好的思想品质。

4. 朗读小故事

猴吃西瓜

猴儿王找到个大西瓜。可是怎么吃呢？这个猴儿啊是从来也没吃过西瓜。忽然，他想出一条妙计，于是就把所有的猴儿都召集来了，对大家说：“今天我找到一个大西瓜，这个西瓜的吃法嘛，我是全知道的，不过我要考验一下你们的智慧，看你们谁能说出西瓜的吃法。要是说对了，我可以多赏他一份儿；要是说错了，我可要惩罚他！”

小毛猴儿一听，搔了搔腮说：“我知道，吃西瓜是吃瓤儿！”猴儿王刚想同意，“不对，我不同意小毛猴儿的意见！”一只短尾巴猴儿说，“我清清楚楚地记得，我和我爸爸到我姑妈家去的时候，吃过甜瓜，吃甜瓜是吃皮儿。我想西瓜是瓜，甜瓜也是瓜，当然该吃皮儿啦！”大家一听，有道理，可到底谁对呢？于是都不由地把眼光集中到一只老猴儿身上，老猴儿一看，觉得出头露面的机会来了，就清了清嗓子说道：“吃西瓜嘛，当然……是吃皮儿啦，我从小就吃西瓜，而且一直是吃皮儿，我想我之所以老而不死，也正是吃西瓜皮儿的缘故！”

有些猴儿早等急了，一听老猴儿也这么说，就跟着嚷起来，“对，吃西瓜吃皮儿！”“吃西瓜吃皮儿！”猴儿王一看，认为已经找到了正确的答案，就向前跨了一步，开言道：“对！大家说的都对，吃西瓜是吃皮儿！哼，就小毛猴儿崽子说吃西瓜是吃瓤儿，那就叫他自己吃，咱们大家都吃西瓜皮儿！”于是西瓜一切两半，小毛猴儿吃瓤儿，大家伙儿共分西瓜皮儿。

有个猴儿吃了两口，就捅了捅旁边的猴儿说：“哎，我说，这可不是滋味儿啊！”

“咳——老弟，我常吃西瓜，西瓜嘛，就这味儿……”

四、“啊”的音变训练

“啊”的音变训练

读下列句子，注意“啊”的音变。

① 这又怪又丑的石头，原来是天上的啊！

② 然而，火光啊……毕竟……毕竟就在前头！

③ 我仰望一碧蓝天，心底轻声呼唤：家乡的桥啊，我梦中的桥！

④ 清晨，当第一束阳光射进舷窗时，它便敞开美丽的歌喉，唱啊唱，嘤嘤有韵，宛如春水淙淙。

⑤ 是啊，我们有自己的祖国，小鸟也有它的归宿，人和动物都是一样啊，哪儿也不如故乡好！

⑥ 人生会有多少个第一次啊！

⑦ 推开门一看，嗬！好大的雪啊！

⑧ 大约潭是很深的，故能蕴蓄着这样奇异的绿；仿佛蔚蓝的天融了一块在里面似的，这才这般的鲜润啊。

⑨ 我想张开两臂抱住她，但这是怎样一个妄想啊。

⑩ 在它看来，狗该是多么庞大的怪物啊！

课堂互动

在进行普通话音变训练时，你遇到过哪些难题？又是如何解决这些难题的？请举例说明。

【实战演练】

音变竞赛“大转盘”

活动目的

熟悉与变调、轻声、儿化、“啊”的变读有关的知识，掌握相关的发音规律。

活动描述

全班学生以小组为单位，开展音变竞赛“大转盘”活动。比赛共包括以下两个部分：音变知识转盘竞赛和音变发音转盘竞赛。活动的组织人员、评分和奖项安排如下。

（1）组织人员。首先从全班学生中选出 1 名主持人和 3 名记分员分别负责主持和记分工作，然后将余下学生分成若干组，每组选出 1 名组长和 1 名记录员。

（2）评委。由本组外的其他组组长担任评委。

（3）评分规则。评分时，除去评分中的最高分和最低分，取剩余评分的平均分作为比赛结果，并按平均分的高低排出名次。

（4）奖项设置。比赛设“转盘之星”称号，由教师根据情况适当设置奖品。

活动分组

全班学生每 5～7 人为一组，各组选出组长并进行任务分工，将小组成员及分工情况填入表 6-1 中。

表 6-1　小组成员及分工情况

班级：＿＿＿＿＿＿　　组号：＿＿＿＿＿＿　　指导教师：＿＿＿＿＿＿

小组成员	姓名	学号	任务分工
组长			
组员			

活动实施

各组按照小组分工情况开展实践活动，并将具体的实施情况记录在表 6-2 中。

表 6-2　实施情况记录表

<table>
<tr><th>时间安排</th><th>实施步骤</th></tr>
<tr><td></td><td>1．准备竞赛材料
每组准备 1 道与音变相关的简答题作为第 1 轮竞赛的材料，2 组轻声词语（每组轻声词语的呈现形式参考如下）、2 组儿化词语（每组儿化词语的呈现形式参考如下）和 1 个片段（参考如下）作为第 2 轮竞赛的材料。
轻声词语
裁缝　迷糊　玻璃　刺猬　梯子
兆头　巴掌　行当　亮堂　红火
芝麻　钥匙　灯笼　抽屉　撮合
衣裳　包涵　山药　思量　簸箕
儿化词语
砂轮儿　石子儿　挑刺儿　锯齿儿　肚脐儿
有劲儿　花瓶儿　门铃儿　毛驴儿　没谱儿
梨核儿　墨汁儿　小曲儿　没词儿　针鼻儿
片段
俗话说，“瑞雪兆丰年”。这个话有充分的科学根据，并不是一句迷信的成语。寒冬大雪，可以冻死一部分越冬的害虫；融化了的水渗进土层深处，又能供应庄稼生长的需要。我相信这一场十分及时的大雪，一定会促进明年春季作物，尤其是小麦的丰收。有经验的老农把雪比作是“麦子的棉被”。冬天“棉被”盖得越厚，明春麦子就长得越好，所以又有这样一句谚语：“冬天麦盖三层被，来年枕着馒头睡。”
——节选自峻青《第一场雪》</td></tr>
<tr><td></td><td>2．进行音变知识转盘竞赛
主持人把各组组长的名字写在转盘上，然后转动转盘，转盘指针指向哪组，就由哪组组长指定组内成员回答问题。各组的记录员须记下本组成员难以作答或回答错误的问题及其答案。</td></tr>
<tr><td></td><td>3．进行音变发音转盘竞赛
主持人转动转盘，转盘指针指向哪组，就由哪组组长指定组内成员来朗读词语或片段。1 组词语的朗读时间不能超过 15 秒，一个片段的朗读时间不能超过 1 分钟。记录员须记下本组成员读错或读得不标准的字或词。</td></tr>
<tr><td></td><td>4．竞赛评分
各组组长担任评委，对竞赛活动情况进行评分，评分标准如表 6-3 所示。</td></tr>
<tr><td></td><td>5．总结经验
各组成员讨论本组成员在此次竞赛中的综合表现，并总结与音变规律相关的经验。</td></tr>
</table>

表 6-3　评分标准

评价项目	评分标准	分值	得分
音变知识	答对 1 题得 5 分，答错不得分	30 分	
音变发音	音变发音每错 1 处扣 1 分	30 分	
	轻声词语应在 15 秒内完成，每超出 5 秒扣 1 分，扣完 5 分为止	5 分	
	儿化词语应在 15 秒内完成，每超出 5 秒扣 1 分，扣完 5 分为止	5 分	
	片段应在 1 分钟内完成，每超出 5 秒扣 1 分，扣完 10 分为止	10 分	
	吐字清晰，朗读流畅，语速适中，语言节奏富于变化	20 分	
合　计		100 分	

【项目考核】

各组成员结合课前、课中和课后的学习情况，按照表 6-4 的评价标准对该项目的学习效果进行自评和互评，并请老师进行总体评价。

表 6-4　项目考核评价表

考核内容	评价标准	分值	评价得分		
			自评	互评	师评
知识与技能考核（40%）	能简要阐述上声、“一”和“不”的变调规律	5 分			
	能简要阐述轻声的概念、语音特性和变读轻声的规律	5 分			
	能简要阐述儿化的概念、作用和音变规律	5 分			
	能举例说明叹词“啊”和语气词“啊”的变读规律	5 分			
	能熟练地朗读含有变调、轻声、儿化和“啊”的词语、绕口令和片段等	20 分			
过程与方法考核（20%）	课前积极预习本项目的内容	5 分			
	课中认真听讲，并积极参与课堂互动	10 分			
	课后主动复习所学知识，并积极参与音变竞赛活动	5 分			
综合素养考核（40%）	具有良好的学习态度，自觉查找并纠正自己在音变发音方面的不足之处	10 分			
	具有团队精神，能够积极地与他人合作	10 分			
	具有很强的求知欲，积极探索普通话中的其他音变现象	20 分			
总评	自评（30%）+互评（30%）+师评（40%）=	教师（签名）：			

项目七

朗读——声情并茂的艺术

【引言】

普通话的学习是一个复杂的过程，而朗读在普通话学习中起着至关重要的作用。通过朗读，学生不仅能掌握正确的语音、语调，还能提高语言表达能力。朗读不能像背书似的将每个字词按照读音念出来，而要注意语音语调的抑扬顿挫（语流中的轻重、长短、快慢等），这就要求朗读者掌握一定的朗读技巧。

【学习清单】

完成一项学习任务后，请在对应的方框中打“√”。

课前预习

- □ 1. 通过网络搜索关于普通话朗读的视频或录音，感受朗读的魅力，了解普通话的朗读技巧。
- □ 2. 试着朗读许地山的《落花生》，朗读时注意节奏与重音，并与同学相互评价朗读效果。

课中学习

- □ 1. 了解平调、升调、降调及曲调的特点。
- □ 2. 熟悉语法重音与强调重音的相关知识。
- □ 3. 明确停连的类型，把握朗读的节奏。
- □ 4. 熟悉普通话规范朗读的要求，能够根据作品的基调正确地使用朗读技巧。

课后实践

- □ 1. 积极、认真地开展朗读“试炼场”活动，通过朗读具体的作品，提高朗读的技巧。
- □ 2. 与同学交流朗读活动中的常见问题，并分享自己的朗读技巧。

素养培育

- □ 1. 规范使用语言文字，提升普通话素养。
- □ 2. 感受汉语抑扬顿挫的音韵美，培养审美情趣，提高审美能力。
- □ 3. 在朗读训练中，深刻感悟朗读作品所蕴含的深厚的家国情怀和价值追求，树立起坚定的理想信念和正确的人生观、价值观。

【知识讲堂】

任务一　掌握朗读的技巧

朗读是将无声的书面语言艺术地转化为有声语言的表达形式。简言之，就是把文章清晰、准确、有感情地读出来。为了将内容准确、生动、形象地传达给听众，加深听众对内容的理解，以达到情感上的共鸣，朗读者需要掌握语调、重音、停连和节奏等朗读技巧。

一、语调

语调是语音的高低升降变化趋势，具有明显的感情色彩，是整个语句甚至是语段的起伏变化，主要表现在句尾上。将语调与停顿、重音等结合起来运用，可以使朗读具有节奏感。

语调一般分为平调、升调、降调和曲调。

（一）平调

平调的特点是语调平稳舒缓，没有明显的升降变化，一般用于不带特殊感情的陈述和说明，还可表示悲痛、冷淡等情感。例如：

① 今天必须有一个人和我一块儿把书取来。

② 我想，这就是人们为什么把及时的大雪称为“瑞雪”的道理吧。

（二）升调

升调的特点是语调呈渐升趋势，句尾音强且向上扬。一般用于疑问句、反问句等，还可用于表示惊讶、激动、愤怒等情感。例如：

① 走啊！走啊！越过大雪山，就是胜利！

② 询问者感到困惑：“怎么会都对呢？”

（三）降调

降调的特点是语调呈逐渐降低趋势，尾音降低。一般用于陈述句、感叹句、祈使句，表示坚决、赞美、祝福、请求等情感。例如：

① 一种强大的力量使老麻雀飞了下来。

② 他翻遍了整块土地，但连一丁点金子都没看见。

（四）曲调

曲调的特点是语调高低起伏无规律地变化，即不是单纯的上升或下降，中间有变化，一般用于表示讽刺、幽默、怀疑、不满、惊讶等情感的句子中。例如：

① 这是一块不小的石头，一块道貌岸然的石头。

② 巡捕传说："只一个字——贪。"

二、重音

朗读时，为了更好地表达情感，人们往往会重读一些词或词组，这些重读的部分称为重音。重音是增强作品艺术感染力的重要手段之一，是以语意和情感表达为依据来确定的。重音分为语法重音和强调重音两种，用"."表示。

（一）语法重音

语法重音是根据语法结构来决定的重音，一般没有特殊的感情色彩。语法重音的位置比较固定，常见的规律有如下几种：

① 主谓间的谓语读得较重。例如：他走了。

② 多数句子的状语、定语和补语都读得稍重。例如：今天，真是把他累坏了。

③ 疑问代词、指示代词一般重读。例如：什么是理想？

（二）强调重音

强调重音是指为了表示某种特殊感情和强调某种特殊意义而重读的音，目的在于引起听者注意自己所强调的内容。强调重音的使用并没有固定的规律，应结合特定的语言环境加以确定。如下面这几组例句，只有读出强调重音，才能准确表达每句话的意思。但同时要注意重读音节不能念得过分突兀，或者怪声怪气，以免分散听者的注意力。

① 每次我打电话回家……（不是别人打的电话）

每次我打电话回家……（不是偶尔）

每次我打电话回家……（不是干别的）

② 山朗润起来了，水涨起来了，太阳的脸红起来了。（为表达对春天到来的欣喜，在朗读时应注意感情色彩的逐渐推进）

③ 那时，我对自己遗憾得要命，对丽娜羡慕得要命。（对比强调）

④ 让暴风雨来得更猛烈些吧！（充满大无畏的斗争精神）

课堂互动

请同学们朗读下列句子，并思考这些句子的重音应该放在什么地方。

① 我爱热闹，也爱冷静；爱群居，也爱独处。

② 真的猛士，敢于直面惨淡的人生，敢于正视淋漓的鲜血。

③ 我攀登过峰峦雄伟的泰山，游览过红叶似火的香山，却从没看见过桂林这一带的山。

④ 狂风吹不倒它，洪水淹不没它，严寒冻不死它，干旱旱不坏它。它只是一味地无忧无虑地生长。

三、停连

停连是指朗读时声音的停顿和延续，停连既是体会作品内容、表达情感的需要，也是朗读者生理上换气的需要。较好地运用声音的暂时中断和连接，可以更清楚地把作品的思想内容传达给听者。常见的停连有以下几种。

（一）落停

落停多用在一个相对完整的意思表达之后，句末语气应沉稳，声音下落。下列句子的句末就可以采用落停：

① “吹面不寒杨柳风”，不错的，像母亲的手抚摸着你。

② 这时候，光亮的不仅是太阳、云和海水，连我自己也成了光亮的了。

（二）扬停

扬停一般用在句中无标点符号或意思尚未说完而又需要停顿的地方。扬停的前后，词语要平稳滑动，气息贯通。扬停时间相对较短，停之前声音稍上扬或持平，声虽止但气息未尽，一听便知还有下文。下列句子中用符号“|”标示出的地方，应当用扬停：

① 花生做的食品|都吃完了，父亲的话|却深深地印在我的心上。

② 人类给它以生命，它毫不吝啬地|把自己的艺术青春奉献给了哺育它的人。

（三）直连

直连多用于虽有标点符号但前后内容联系紧密、持续抒发情感的地方。下列句子中用符号“‿”标出的地方，可用直连：

① 三百六十行，‿行行出状元。关键还在于，‿怎样按照你的实际，为社会、‿为人类多做贡献，从而在这个世界上找到自己的一片绿洲，‿一片天空。

② 因为那些遗骨啦，‿阵亡的通知啦，全是靠不住的，靠得住的只有这位大人。假如这位大人还健在的话，‿我儿子也会活着的；如果这位大人去世了，‿那么我的儿子也就死了。

（四）曲连

曲连的位置在短促的句子间需要连接又需要区分的地方。处理时应找准“连点”，从一个词语尾音滑向另一个词语的开头，不换气，气息相连。短促分句间的逗号和连续的顿号是曲连最典型的“连点”。下列句子中用符号“‿”标出的地方，可用曲连：

① 春天像小姑娘，花枝招展的，笑着，走着。

② 燕子去了，有再来的时候；杨柳枯了，有再青的时候；桃花谢了，有再开的时候。

四、节奏

受作品基调和思想内容的制约，朗读作品时应注意节奏的抑扬顿挫、轻重缓急。恰当地把握朗读的节奏，既能体现有声语言的美感，又能形象地表达作品的意境。常见的节奏类型大体有以下几种。

（一）轻快型

轻快型节奏的特点是语速较快，多轻少重，多扬少抑，语节少而词的密度大，语气转换显得轻快。这种节奏多用于表示欢快、欣慰、诙谐的句子。例如：

我爱看天上的一片云，那片白白的、会变的云。瞧它一会儿变成只小黄狗，摇着尾巴，追着太阳跑；一会儿变成只小灰羊，在草原上撒欢儿跳高。

（二）凝重型

凝重型节奏的特点是语势平稳、凝重，多抑少扬，多重少轻，音强而有力，词语密度疏。这种节奏常用来表现严肃、肃穆的气氛和悲痛、抑郁的情感。例如：

灵车队，万众心相随。哭别总理心欲碎，八亿神州泪纷飞。红旗低垂，新华门前洒满泪。日理万机的总理啊，您今晚几时回？

（三）低沉型

低沉型节奏的特点是语势沉缓，语调多抑，音节较长，声音偏暗，句尾落点大多显得沉重。这种节奏多用于表达悲哀的心情。例如：

人们心情沉痛，目光随着灵车移动。好像有谁在无声地指挥，老人、青年、小孩，都不约而同地站直了身体，摘下帽子，眼睁睁地望着灵车，哭泣着，顾不上擦去腮边的泪水。

（四）高亢型

高亢型节奏的特点是语势高扬，势不可遏，多重少轻，语速较快。这种节奏多用于表达振奋、狂喜、激动等情感。例如：

在苍茫的大海上，狂风卷集着乌云。在乌云和大海之间，海燕像黑色的闪电，高傲地飞翔。一会

儿翅膀碰着波浪，一会儿箭一般地直冲向乌云，它叫喊着，就在这勇敢的叫喊声里，乌云听出了欢乐。

（五）舒缓型

舒缓型节奏的特点是语势较平稳，多扬少抑，语速较缓，声音较高，轻柔而不着力。这种节奏多用于表示惬意、舒心的情感，也可以表现舒展的情怀。例如：

大海上一片静寂。在我们的脚下，波浪轻轻吻着岩石。像朦朦胧胧欲睡似的。在平静的深暗的海面上，月光劈开了一款狭长的明亮的云汀，闪闪地颤动着，银鳞一般。

（六）紧张型

紧张型节奏的特点是多连少停，多重少轻，多扬少抑，音短气急促。这种节奏多用于表达紧张、急迫、焦急、恐惧的情感。例如：

在这千钧一发的时刻，传来了团长和政委的喊声："同志们！为了党的事业，为了最后的胜利，冲呀！"

任务二　熟悉朗读的要求

一、用规范的普通话语音朗读

朗读和说话不同，它除了要求朗读者忠于作品原貌，不添字、漏字、改字外，还要求朗读者在声母、韵母、声调、轻声、儿化、音变及语句的表达方式等方面都尽量做到符合普通话语音的规范。具体来说，朗读者应注意以下几个方面。

（一）注意音节完整、准确

应把每个字的音都发完整、准确，具体要求如下：

① 声母要咬字清晰，发音部位要准确。

② 韵腹要饱满、圆润。注意元音舌位的高低、前后，嘴唇的圆展。

③ 韵尾要注意归音。例如，以 ao、ou、iu 等元音收尾的音节，要注意圆唇度；以 n、ng 收尾的音节要注意"关门"，即归音到这两个辅音成阻的部位上去。

④ 音节要有适度的音长。要达到这一要求，一是要保持声母、韵母的完整性；二是要保证声调具有一定的时长和滑动感。

（二）注意音变的发音规范

1. 轻声词的发音

轻声音要规范，要注意轻声音节的音高是随相邻前一音节的声调变化的。轻声词语范围的确定

要依靠自己勤加学习，因为除本书中列出的一些有规律可循的轻声词外，普通话里还有相当一部分无规律的轻声词，常见的有：葡萄、东西、丈夫、先生、动静、胳膊、稀罕、风筝、钥匙、客气等。这些轻声调可以通过查工具书、看电视、听广播等方式多记多背。

2. 儿化音的发音

要正确判断儿化词，掌握儿化音的准确发音。某些没有明确标出“儿尾”但表示喜爱、温和、委婉等情感的词，一般也可以读作儿化韵，如“好玩儿”“山歌儿”“贴心的话儿”等。

（三）注意普通话和方言在语音上的差异

普通话和方言在语音上的差异，大多数情况下是有规律的。但这种规律之中往往又包含一些例外，需要靠自己去总结。当然，单是总结还不够，要多查字典和词典，加强记忆，反复练习。在练习中，要注意普通话和方言在声韵调方面的差异。

（四）注意多音字的读音

一字多音是导致误读的重要原因之一，必须多加注意。可以将多音字分两类去学习：第一类是意义不同的多音字，对于这类多音字，要着重弄清它各个不同的意义，从而记住不同的读音；第二类是意义相同的多音字，通常这类多音字的一个音使用范围广，其他音使用范围很有限，朗读者一般只要记住“有限”的就行。

（五）注意由字形相近或偏旁类推引起的误读

由于字形相近而误读的现象十分常见。由偏旁本身的读音或者偏旁组成的较常用字的读音，去类推一个生字的读音而引起的误读，也很常见。所谓“秀才认字读半边”，指的就是这种误读。因而，朗读者在朗读的过程中，对于不认识或读音拿不准的字，一定要多查字典和词典，并加强对字词读音的记忆。

二、把握作品基调并正确使用朗读技巧

作品基调是指作品的基本情调，即作品总的情感态度、色彩和分量。作品基调是一个整体概念，是层次、段落、语句中具体思想感情的综合表露，朗读作品必须把握住作品的基调。要把握好作品的基调，朗读者必须深入分析、理解作品的思想内容。不同体裁的文章，语言风格不同，表达内容不同，情感的表达方式不同，基调也就不同。

生活语言是朗读语言的艺术来源，朗读语言是丰富多彩的生活语言的艺术再现，朗读技巧的处理不能违背生活的真实性。朗读要以情动人、真实感人，真切自然的朗读才能打动人心。朗读是朗读者对作品的再创造过程，情为声之本，声为情之表，表达内心深处的、自然真切的情感才是朗读的实质。

【实战演练】

朗读“试炼场”

活动目的

通过朗读训练与朗读比赛，更好地把握普通话朗读的语调、重音、停连和节奏，提高普通话的朗读技能。

活动描述

全班学生以小组为单位开展朗读“试炼场”活动。活动分为朗读训练和朗读比赛两个环节。

（1）朗读训练。朗读训练分组进行。各组成员通过朗读《普通话水平测试实施纲要》中的朗读作品（下文已列出 3 篇，其余篇目可扫描二维码查看）进行朗读训练。训练活动可结合朗读录音进行。

普通话朗读作品

普通话朗读录音

（2）朗读比赛。朗读比赛分组进行，所有成员均可参与朗读比赛。各组成员自行准备朗读比赛的材料，要求主题鲜明突出，内容积极向上。活动的组织人员、评分和奖项安排如下。

① 组织人员。从全班中选择 1 名主持人和 3 名记分员分别负责主持和记分工作。

② 评委。本组外的其他组组长为评委。

③ 活动评分。除去评委评分中的最高分和最低分，取剩余评分的平均分作为比赛结果，并按平均分的高低排出名次。

④ 活动奖项：比赛设一等奖 1 名、二等奖 2 名，由教师根据情况适当设置奖品。

《北京的春节》（朗读作品 1）

照北京的老规矩（guīju），春节差不多（chà・bùduō）在腊月的初旬就开始了。“腊七腊八，冻死寒鸦”，这是一年里最冷的时候（shíhou）。在腊八这天，家家都熬腊八粥。粥是用各种米，各种豆，与各种干果熬成的。这不是粥，而是小型的农业展览会。

除此之外，这一天还要泡腊八蒜。把蒜瓣放进醋里，封起来，为过年吃饺子用。到年底，蒜泡得色如翡翠（fěicuì），醋也有了些辣味（làwèir），色味双美，使人忍不住要多吃几个饺子。在北京，过年时，家家吃饺子。

孩子们（Háizimen）准备过年，第一件大事就是买杂拌儿（zábànr）。这是用花生、胶枣、榛子、栗子等干果与蜜饯掺和（chānhuo）成的。孩子们喜欢吃这些零七八碎儿（língqī-bāsuìr）。第二件大事是买爆竹，特别是男孩子们。恐怕第三件事才是买各种玩意儿（wányìr）——风筝、空竹、口琴等。

孩子们欢喜，大人们也忙乱。他们（Tāmen）必须预备过年吃的、喝的、穿的、用的，好在新年时显出万象更新的气象。

腊月二十三过小年，差不多就是过春节的“彩排”。天一擦黑儿（cāhēir），鞭炮响起来，便有了过年的味道。这一天，是要吃糖的，街上早有好多卖麦芽糖与江米糖的，糖形或为长方块或为瓜形，又甜又黏，小孩子们最喜欢。

过了二十三，大家更忙。必须大扫除一次，还要把肉、鸡、鱼、青菜、年糕什么（shénme）的都预备充足——店//铺多数正月初一到初五关门，到正月初六才开张。

——节选自老舍《北京的春节》

《春》（朗读作品 2）

盼望着（Pànwàngzhe），盼望着，东风来了，春天的脚步近了。

一切都像刚睡醒的样子（yàngzi），欣欣然张开了眼。山朗润起来了，水涨起来了，太阳的脸红起来了。

小草偷偷地从土里钻出来，嫩嫩的，绿绿的。园子里，田野里，瞧去，一大片一大片满是的。坐着，躺着，打两个滚（gǔnr），踢几脚球（qiúr），赛几趟跑，捉几回迷藏。风轻悄悄的，草软绵绵的。

……

“吹面不寒杨柳风”，不错的，像母亲的手抚摸（fǔmō）着你。风里带来些新翻的泥土的气息，混着青草味儿（wèir），还有各种花的香，都在微微湿润的空气里酝酿（yùnniàng）。鸟儿将巢安在繁花绿叶当中，高兴起来了，呼朋引伴地卖弄清脆的喉咙，唱出宛转的曲子，跟轻风流水应和着（yìnghèzhe）。牛背上牧童的短笛，这时候也成天嘹亮地响着。

雨是最寻常的，一下就是三两天。可别恼。看，像牛毛，像花针，像细丝，密密地斜织着，人家屋顶上全笼着一层薄（bó）烟。树叶儿却绿得发亮，小草儿也青得逼你的眼。傍晚时候，上灯了，一点点黄晕（huángyùn）的光，烘托出一片安静而和平的夜。在乡下，小路上，石桥边，有撑起伞慢慢走着的人，地里还有工作的农民，披着（pīzhe）蓑（suō）戴着笠。他们的房屋，稀稀疏疏的，在雨里静默着。

天上风筝渐渐多了，地上孩子（háizi）也多了。城里乡下，家家户户，老老小小，//也赶趟儿似的（shìde），一个个都出来了。舒活舒活筋骨，抖擞抖擞精神，各做各的一份儿事去。“一年之计在于春”，刚起头儿（qǐtóur），有的是工夫（gōngfu），有的是希望。

春天像刚落地的娃娃，从头到脚都是新的，它生长着。

春天像小姑娘，花枝招展的，笑着，走着。

春天像健壮的青年，有铁一般的胳膊和腰脚，领着我们（wǒmen）上前去。

——节选自朱自清《春》

《匆匆》（朗读作品 3）

燕子去了，有再来的时候；杨柳枯了，有再青的时候；桃花谢了，有再开的时候。但是，聪明的，你告诉我，我们的日子为什么（wèi shénme）一去不复返呢？——是有人偷了他们罢：那是谁？又藏在何处呢？是他们自己逃走了罢：现在又到了哪里呢？

去的尽管去了，来的尽管来着；去来的中间，又怎样地匆匆（cōngcōng）呢？早上我起来的时候，小屋里射进两三方斜斜的太阳。太阳他有脚啊，轻轻悄悄地挪移了；我也茫茫然跟着旋转。于是——洗手的时候，日子从水盆里过去；吃饭的时候，日子从饭碗里过去；默默时，便从凝然的双眼前过去。我觉察（juéchá）他去的匆匆了，伸出手遮挽时，他又从遮挽着的手边过去；天黑时，我躺在床上，他便伶伶俐俐（língínglìlì）地从我身上跨过，从我脚边飞去了。等我睁开眼和太阳再见，这算又溜走了一日。我掩着面叹息，但是新来的日子（rìzi）的影儿（yǐng'ér）又开始在叹息里闪过了。

在逃去如飞的日子里，在千门万户的世界里的我能做些什么呢？只有徘徊(páihuái)罢了(bàle)，只有匆匆罢了；在八千多日的匆匆里，除徘徊外，又剩些什么呢？过去的日子如轻烟，被微风吹散了，如薄雾，被初阳蒸融了；我留着些什么痕迹呢？我何曾留着像游丝样的痕迹呢？我赤裸裸//来到这世界，转眼间也将赤裸裸的回去罢？但不能平的，为什么偏白白走这一遭啊？

你聪明的，告诉我，我们的日子为什么一去不复返呢？

——节选自朱自清《匆匆》

活动分组

全班学生每 5~7 人为一组，各组选出组长并进行任务分工，将小组成员及分工情况填入表 7-1 中。

表 7-1　小组成员及分工情况

班级：＿＿＿＿＿＿　　组号：＿＿＿＿＿＿　　指导教师：＿＿＿＿＿＿

小组成员	姓名	学号	任务分工
组长			
组员			

活动实施

各组按照小组分工情况开展实践活动，并将具体的实施情况记录在表 7-2 中。

表 7-2　实施情况记录表

时间安排	实施步骤
	1. 朗读训练 ① 个人练习。明确朗读的基本要点，确定文章的基调、语速等，并用录音设备记录自己的朗读发音，以便分析自己在发音方面存在的问题。 ② 组内练习。小组成员进行朗读训练。当一名成员朗读时，其他成员对其朗读发音与情感表达进行评价。
	2. 朗读比赛 ① 确定比赛顺序。各组现场抽签决定比赛顺序。 ② 按照确定好的顺序进行朗读。 ③ 比赛评比。各组组长担任评委，对各组的朗读情况进行评分，评分标准如表 7-3 所示。

续表

时间安排	实施步骤
	3．总结经验 各组成员讨论本组在此次朗读比赛中的优点与不足，并派代表在全班同学面前做总结陈述。

表 7-3　评分标准

评价项目	评分标准	分值	得分
朗读内容	主题鲜明深刻，内容积极向上，语言自然流畅，富有真情实感	15 分	
语言表达	吐字清晰，发音准确	20 分	
	表达自然，感情充沛，能准确、恰当地表情达意	20 分	
	注意重音与停连，语速适中，节奏富于变化	30 分	
仪表形象	精神饱满，着装得体大方，能够恰当地运用身体语言	15 分	
合　计		100 分	

【项目考核】

各组成员结合课前、课中和课后的学习情况，按照表 7-4 的评价标准对该项目的学习效果进行自评和互评，并请老师进行总体评价。

表 7-4　项目考核评价表

考核内容	评价标准	分值	评价得分		
			自评	互评	师评
知识与技能考核（40%）	能够简要阐述普通话的朗读规范	10 分			
	能够举例说明语调、重音、停连的类型	15 分			
	能够根据作品的基调恰当地使用朗读技巧	15 分			
过程与方法考核（20%）	课前认真预习课本知识，搜索关于普通话朗读的视频或录音	5 分			
	积极参与课堂互动活动，并踊跃发表自己的看法	5 分			
	在朗读实践中，主动与同学交流朗读技巧，并懂得归纳总结	5 分			
	具有良好的学习态度，能够认识到自己的不足，并积极改正	5 分			
综合素养考核（40%）	具有团队精神，能够积极地与他人合作	10 分			
	具有很强的求知欲，积极探索普通话朗读的技巧，提高自己的普通话素养	15 分			
	弘扬朗读作品所蕴含的道德力量，培养家国情怀，通过普通话推广实践活动表达对祖国的热爱	15 分			
总评	自评（30%）+互评（30%）+师评（40%）=	教师（签名）：			

项目八

说话——语言交际的技巧

【引言】

学习和训练普通话的最终目的是运用标准或比较标准的普通话进行口语表达，从而更好地与他人交流思想感情。在口语表达的众多方式中，说话是普通话水平测试的一项重要内容。那么，什么是说话？怎样才能提高自己的说话技能？普通话水平测试中关于说话的考试内容有哪些？对于这些问题，我们将在本项目中进行详细解答。

【学习清单】

完成一项学习任务后，请在对应的方框中打“√”。

课前预习

- □ 1. 预习课本，了解说话的相关内容。
- □ 2. 以“我的一天”“朋友”“谈服饰”等为话题，和同学一起进行命题说话训练，并相互评价。

课中学习

- □ 1. 了解说话的性质、形式、特征和过程。
- □ 2. 了解普通话水平测试中“说话”的特征、表达方式和要求及常见的“说话”失误。
- □ 3. 进行说话的基本训练和命题说话训练，分析自己说话时的不足之处并进行改进。

课后实践

- □ 1. 积极地开展“情景模拟大擂台”活动。
- □ 2. 与他人交流时，注意语言表达的正确性、逻辑性和流畅度。

素养培育

- □ 1. 体会语言沟通艺术的魅力，提高自己的沟通能力。
- □ 2. 积极参加普通话推广活动，为普通话的广泛使用贡献一份力量，助力中国文化“走出去”。

【知识讲堂】

任务一　了解说话的内涵

在口头语言和书面语言表达中，说话无疑是最常见的，从日常生活到工作学习，从私密场合到公开场合，从严谨的商务谈判到轻松的娱乐活动，说话无处不在。普通话水平测试把“说话”作为分值很高的一项测试内容，足以显示出它的重要性。

一、说话的性质和形式

（一）说话的性质

说话，简单地讲，就是用语言表达一定意思，即说话人通过零散的或成段的话语传递自己的思想感情。说话是社会生活中人们传递信息、交流感情、完成事务性活动的重要手段之一，也是一项最基本的语言技能。从语言学角度来看，它属于言语范畴，是对语言的具体运用；从语体角度来看，它属于口语语体，与书面语有着较大的区别。说话是说话人心理、生理、物理活动的整合，更是其语言能力、知识积淀、心理素质、社会经验的综合体现。

（二）说话的形式

说话的形式非常丰富。陈建民先生在《汉语口语》一书中列举了七种主要的口语类型，即日常会话（包括问答、对话），在动作或事件中说出的话，夹杂动作的话，毫无准备地说一段连贯的话，有提纲的即兴发言，离不开讲稿的讲话，念稿子等。

二、说话的特征

说话属于口语表达范畴，和书面表达相比，具有以下特征：

① 传声性。说话主要靠声音传递信息，是由声音所表现的音节、词语、语句、语段、语调等因素构成的表意、表情系统，它要求声音准确清晰、清亮圆润、富于变化。

② 临场性。口语表达要符合规定的情境，有特定的对象、环境、气氛，有强烈的现场感。这对说话人的心理素质提出了很高的要求。

③ 简约性。说话内容通过口耳相传，需要听话人进行同步接收和理解，并及时做出反馈。这就要求说话人应言简意赅，用语生动形象；表意清楚，多用短句、单句，少用长句、复句；尽量口语化，力求自然；不用方言词语、生造词语、古语词、专业词语、生僻词语和容易产生歧义的词语。

④ 双向性。说话往往是面对面的，是一个由“说”和“听”构成的双向互动系统。不管是单向说话还是双向、多向说话，都有具体的听者。这就要求说话人要考虑到说话的语言环境，考虑到听者的性别、年龄、身份、知识背景，以及听者参与说话活动的目的和动机等，从而强化说话的针对性。

⑤ 即时性。语音一发即逝，制约了词语的选择、语句的结构和表意，这对说话人的快速反应能力、临场发挥能力、言语组织能力都提出了很高的要求。

⑥ 灵活性。说话是一个动态的过程，在整个表达过程中，说话人需要根据对方的反应和周围环境，不断调整自己话语的内容。话题的切换，说话节奏的调整，说话内容的修正和补充，都体现了说话的灵活性。

⑦ 综合性。说话时，说话人要同时协调思维、言谈、视觉、听觉等，利用语音语调、言辞态势等表达手段，并综合运用各种社会知识、专业知识，体现出很强的综合性。

三、说话的过程

人们在说话时运用的语言可分为内部语言和外部语言，前者是指人们在思考时不发出声音的语言，后者是指人们说话时的有声语言。

说话的过程是指人们将自己的初始思想，经过内部语言的组织，借助准确的词语和规范的语法，排列成逻辑严密的句式，再采用恰当的修辞方法，迅速、准确、生动地转换成得体的外部语言，并成功地发送出去的全过程。从说话动机的形成、言语的编码、成段语流的形成，到最后的发送，要经过一系列的心理、生理运作。其中任何一个环节出现问题，都会降低说话效率。

了解说话的过程，对掌握说话的原理和技巧是大有益处的。从信息学的角度来看，信息的传递包括编码、发送、传递、接收、译码、反馈 6 个环节。具体到说话，则应该由下列几个环节构成，如图 8-1 所示。

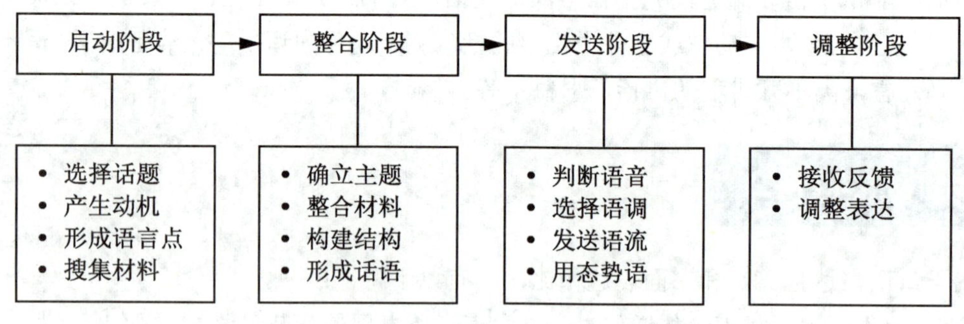

图 8-1　说话的过程图

（一）启动阶段

1. 选择话题

话题的选择分为主动性选择和被动性选择。一般生活中的话题选择基本上属于主动性选择，即

说话人根据表达情境、表达目的和交流对象选择合适的话题。普通话水平测试中，应试人话题的选择属于被动性选择，说话人需要在短时间内从给定的两个话题中选择一个话题。

2. 产生动机

说话人向听话人传递信息，往往是为了实现某种愿望，满足某种需要，达到某种目的，因此说话人必须有一定的说话动机。说话动机对于加强说话的针对性、提高说话的效率具有重要的意义。动机的产生和形成受制于说话的对象、具体的语言环境甚至具体的话题，它决定着说话的内容和重点。

3. 形成语言点

语言的生成是由人的大脑神经中枢负责的，有意义的语言次序的组织是由人的左脑前语言区负责的。说话人在外界信息的触发下，经过快速的分析、综合、归纳、演绎，形成具有密切联系的“语言点”。这些“语言点”是说话的基础和原动力，说话人对这些语言点进行选择、剥离、整合、联结、扩展，最终形成成段的话语。

4. 搜集材料

选择了话题，产生了动机，形成了语言点，说话人就开始在记忆库和知识储备中寻找说话的材料。这些材料包括个人的生活经历、体验、知识积累等，并呈辐射状展开，形成了外表零散、内在关联的初始思维。

在完成了以上几个环节的任务之后，说话人开始进入说话过程的第二个阶段。

（二）整合阶段

1. 确立主题

说话人在接触、确立话题之后，必然会根据话题的内容和特定情境的需要确定说话的范围和重点，进而形成一个说话的主题。主题确立不当，或者主题不明确，都会产生言语混乱、内容结构松散、言不达意等问题。

2. 整合材料

在确定了说话的主题之后，说话人会根据表意中心的需要选取各种材料，并对材料进行再加工——取舍、剥离、对比、定位。哪些材料该用、哪些材料不该用，哪些内容详述、哪些内容概述，词汇的选择搭配是怎样的，都是这个环节需要考虑的问题。

3. 构建结构

话题、主题、材料都已具备后，说话人应从整体表达的需要出发，加以梳理，并选择一个最有效率的语言结构将这些零散的“部件”有机地组合起来，形成一个完整的语义网络。没有结构或结构散乱，都会使所有的准备付之东流。

4. 形成话语

在这个阶段，说话人应思维明晰，并将内在语言串联成成段的语流，最后形成完整的一段话。

（三）发送阶段

1. 判断语音

在内部语言形成之后，说话人开始进入发送阶段。普通话水平测试主要是考查说话人对语音的掌握情况，因此，说话人应对自己所要表达的内容的字音能熟练掌握，如能区分平翘舌、边鼻音、前后鼻音，尽量避开自己的语音弱项。

2. 选择语调

说话时，说话人还必须根据表达内容的差异，使用语调、重音、停连、节奏等技巧来强化语意、抒发感情，使自己的话语呈现出轻重缓急、高低强弱、抑扬顿挫的流动态势。

3. 发送语流

发送语流是指用标准或比较标准的语音，清楚、连贯地将说话内容传送出去。成功发送是达到说话目的的必由之径。

4. 用态势语

说话是一种现实感很强的表意活动，它是通过听觉来接收的。为了改善言辞表意方面的不足，强调表意的重点、情感，体现出表达内容的层次性、逻辑性，说话人应该有效地辅以态势语言，如眼神、表情、手势动作等。

（四）调整阶段

1. 接收反馈

对对方的说话内容进行判断、分析，是调整自己的谈话策略的前提和依据。此外，交谈时察言观色，根据听者的反应来调整自己的表达，也是合理利用反馈信息的一种表现。

2. 调整表达

说话是一个双向互动的过程，更是一个动态的、充满变化的过程。学会调整自己说话的重点、策略、方式及语调，适时而变，应景而变，才会使自己在谈话中处于主动地位。

从以上对说话过程的分析可知，说话并不是一件简单的事情，它需要我们做好各项准备，训练各项技能，积累相当丰富的知识，培养良好的心理素质。而普通话水平测试中的“说话”，更要求应试人“言思同步”，反应敏捷，能够在较短的时间内完成各个环节的任务。

任务二　熟知普通话水平测试中的“说话”

普通话水平测试中的“说话”，是考查应试人在没有文字凭借的情况下说普通话的能力和所能达到的规范程度。它不仅要考查应试人对声母、韵母、声调、音变等发音的规范程度，还要考查对语调、重音、停连、节奏等技巧的使用，要求应试人表达自然流畅，在词汇、语法方面，要合乎现代汉语口语的规范。

一、普通话水平测试中“说话”的特征

普通话水平测试中的“说话”具有以下几个方面的特征：

① 从测试的话题来看，“说话”的内容大都和日常生活有关，涉及工作、学习、娱乐、社会现象、人生经历等方面，属于日常会话范畴。

② 从事先知道所有的测试话题并且有准备的角度来看，普通话水平测试中的“说话”应当属于有提纲、有不完全准备的即兴发言。

③ 从说话目的是通过成段的表达来检测普通话水平并得到一定分值来看，普通话水平测试中的“说话”带有很明显的针对性和功利性。

④ 从测试主要是采用单向说话形式的角度来看，应试人的表达带有很强的独白性。

⑤ 从应试人在表达中所调动的各种因素来看，普通话水平测试中的“说话”是发音能力、思维能力、应变能力、心理承受能力、知识再现能力的一种整合，带有很明显的综合性。

由此可以看出，普通话水平测试中的“说话”，既具有说话的一般特征，又呈现出交叉、融合的色彩。我们要充分认识它的特点，把普通话水平测试中的“说话”和日常生活会话、朗诵、演讲等表达形式区分开来，采用合乎要求的表达方式来组织话语，有效地平衡语音语调、词汇语法、思维方式、心理素质等各个方面，发挥其综合效应。

二、普通话水平测试中“说话”的表达方式

应试人说话的话题是从《普通话水平测试用话题》中选取的，由应试人从给定的两个话题中选定一个话题，连续说一段话，时长不短于三分钟。在这个环节，应试人可以运用介绍、复述、描述、评述、讲故事等方式展开话题。

（一）介绍

介绍是把人、景、物、情、事、理用简洁明了的言语告诉给别人的一种口语表达方式，重在解释、说明、告知。它要求抓住被介绍对象的本质，做到真实准确、特点突出、主次分明、条理清晰，言语深入浅出、生动具体。

介绍分为概括性介绍、形象性介绍和阐明性介绍。

- ✓ 概括性介绍：以精练的语言、自然平实的语气向听者做人或物的介绍，它要求主次分明，用最简洁的语言传递最丰富的信息。人物介绍、自我介绍、基本情况介绍等都属于概括性介绍。在普通话水平测试中，可使用概括性介绍的话题有“尊敬的人”“我所在的学校（或公司、团队、其他机构）”等。
- ✓ 形象性介绍：用生动形象的语言向听者做特定人、物特征的具体介绍，它常常要求运用一些修辞手法，把介绍对象的声、色、神、形逼真地表达出来，形成鲜明的视觉形象。在普通话水平测试中，可使用形象性介绍的话题有“我了解的地域文化（或风俗）”“我喜爱的动物”等。
- ✓ 阐明性介绍：对一种见解做言之成理的分析和说明，常运用举例子、做比较、讲特征、做分析等方法进行阐述，它要求条理清晰、有逻辑。在普通话水平测试中，可使用阐明性介绍的话题有“对环境保护的认识”等。

（二）复述

复述是按照原有材料重复述说。复述并不是背诵，而是按照一定的要求，用自己的言语表达原始材料。复述要求忠于原始材料，不能改变原始材料的主要观点、主要情节，要求把握内容核心，突出重点，所复述的内容不能支离破碎、喧宾夺主、拖泥带水。复述时必须吐字清楚，语速以中速为宜。

复述分为详细复述、简要复述、扩展复述和变角度复述。

- ✓ 详细复述：接近原始材料的复述，它要求原原本本地述说，保留原始材料的表达顺序。复述时，要语脉清晰，细而不乱，通俗易懂。详细复述对训练记忆、提高思维的条理性有重要的作用。
- ✓ 简要复述：根据说话目的，对原始材料加以选择、概括，然后用简明扼要的语言陈述出来的复述。它要求把握整体，理清线索，紧扣中心，舍去枝叶、保留主干，浓缩篇幅。
- ✓ 扩展复述：对原始材料做适当扩充、展开的复述。进行扩展复述时，可以增加议论性材料的论证层次，补充论据；也可以增加说明性材料的细节说明；还可以通过合理的想象补充叙事性材料的情节发展，或进行人物刻画、场景描写等。
- ✓ 变角度复述：改变原始材料的体裁、人称或顺序的一种复述。

在普通话水平测试中，复述是使用最频繁的一种测试手段。掌握复述技巧，训练复述能力，对提高说话的效率是大有益处的。

（三）描述

描述是用生动形象的语言，对客观对象的特征或形态进行具体、细致的描绘的一种口语表达形式。它要求通过描摹、想象、联想，再现人物、事件、场景。描述要真实，要抓住描述对象的特征，语言力求具体、生动、活泼。

描述可分为人物描述、物体描述和想象描述。

✓ 人物描述：对人物的外貌、服饰、言行举止、神态表情、心理活动等进行描述。在普通话水平测试中，可进行人物描述的话题有“尊敬的人”“朋友”等。

✓ 物体描述：从视觉、触觉、嗅觉、听觉等角度描述客观对象的外形、动态、特征。在普通话水平测试中，可进行物体描述的话题有“我喜爱的植物”等。

✓ 想象描述：大量运用想象、联想等手段，揣摩人物心理活动，推测事件的发展变化趋势及前因后果。在普通话水平测试中，可进行想象描述的话题有“我的理想（或愿望）”等。

（四）评述

评述是阐明自己的观点，评论人、事是非的一种口语表达形式。评述的对象可以是现实生活中发生过的事情，也可以是说话时发生的事情。它的特点是有感而发、即兴而作，具有理性思辨的色彩。在表达时，往往有述说、有评论，即述评结合。

评述要求把握正确的立场倾向，观点要明确；选择的评述角度要正确，易于把握，别出心裁；持论要公允，避免看法偏颇；要善于概括、分析、总结；语气和缓，语言生动形象。

评述有先述后评、边述边评、先评后述三种形式。先述后评是先介绍或复述，然后评论，述的比重大，评的比重小；边述边评主要以点评为主，夹述夹评；先评后述是先表明态度和立场，再使用材料来论证说明。

在普通话水平测试中，可采用评述的话题有“谈社会公德（或职业道德）”等。

（五）讲故事

故事因情节生动、形象鲜活、内涵深刻而吸引人。因此在说话过程中，运用讲故事的方法，不仅可以丰富表达内容、加强表达的形象性，而且可以在进行议论和评述时充当论据、论证观点。更重要的是，在即兴说话时，它可以缓解由于准备有限带来的紧张心理。用一个短小精悍的小故事作为开头，是应试人在普通话水平测试的命题说话环节中常采用的方法。

讲故事时，对于人物的容貌、行为及心理活动方面的描绘要形象、生动，故事情节要连贯，语言要通俗、活泼，内容要有一定的启发教育意义。在普通话水平测试中，可采用讲故事的形式的话题有“童年生活”“难忘的旅行”等。

三、普通话水平测试中“说话”的要求

普通话水平测试中的“说话”，是对应试人的知识储备、词汇积累、谋篇布局能力、心理素质、社会阅历等方面的综合考查。应试人不能仅仅把它当作语音活动，而应达到以下要求。

（一）语音自然，语气适宜

要按照日常口语的语音、语调来说话，不要带有背诵、朗诵、演讲的腔调。发音要规范、清晰、饱满，但不要生硬、机械，特别注意变调、轻声、儿化韵的发音，语气词“啊”的变化，词语轻重的处理。音节之间的连接要流畅，避免出现“蹦字”“吞音”现象。语气亲切、自然、朴实无华，与表达的内容、情感相适合。语调的处理以体现语流的结构层次为主，不要夸张或过分美化。节奏的

变化、语调的起伏不要太大，语速宜采用中速。

（二）思维敏捷，灵活善变

应试人虽然在测试前就已知道测试的50个题目，并有所准备，但在测试时，还是需要迅速确定话题、明确主旨、构建结构、选择材料，把“语言点”扩展为连贯的话语。由于测试现场的准备时间十分有限，因此，应试人要快速反应，迅速捕捉稍纵即逝的思想火花，在纷繁复杂的材料中锁定合适的、贴切的部分，并将散乱的材料联系起来。

灵活多变是指要善于把自己不太熟悉的题目、不能完全驾驭的题目转化为自己熟悉的内容，学会巧妙地转换话题，化繁为简，化大为小，避难就易，扬长避短。

（三）立意明确，内容集中

不管是叙述型题目、说明型题目还是评论型题目，都应该有一个明确的主题。这个主题有时是一个明确的观点，有时是一种真实的感受，有时是生活中的一段经历，有时是人或物等特定对象的特征。必须用明确、简短的语句对这个主题加以概括、提炼，并且在说话的开头部分表达出来，适当地用重音加以强调，作为整个说话过程的主旨或核心。

在说话时，要学会合理地限制话题，从小处着手，使说话内容相对集中，有清晰的范围和明确的指向。既不要说成“流水账”，也不要漫无边际地说话。

（四）结构有序，贴合语境

结构有序，才能把各种材料有机地串联起来，形成一个整体。结构松散或完全没有结构，就会让听者感到语意不明、语脉不清、表达残缺。不同话题所采用的结构也不同，但都应该包括话题导入、主体展开、收拢全篇这几个主要环节，做到首尾呼应、层次分明、过渡自然、主次有别。此外，不宜采用过于复杂或跳跃性强的结构，而应选择较为简单的结构，如层递式、并列式、对比式等。

（五）用词恰当，通俗易懂

说话时，应试人往往来不及对所说的话进行细致的润色和加工，听者也很难仔细琢磨、认真推敲。为了保证话语流畅易懂，减少由于词义晦涩、词语偏僻、词语堆砌带来的信息干扰，应试人应该少用同音词、专业术语和容易产生歧义的词语，不用不规范的时髦用语和带有阶层色彩的特殊用语。

（六）语句流畅，条理分明

语句流畅，条理分明，意思就会清楚明晰。要做到这一点，在句式选择上应多用短句、少用长句，多用单句、少用复句；避免重复和反复纠正说过的话；改掉说话时带“口头禅”的毛病，如“呃”“这个”“也就是说”“然后”等；不要突然改变说话内容的方向，或插入与主旨无关的话语。

（七）内涵丰富，针对性强

空洞、抽象、单薄的话语往往使人觉得枯燥乏味。因此，在说话时，应该注意所选材料的生动性、形象性、具体性，使用能使人产生联想或有通感的词语。对于叙述型话题，应该保证叙述中有过程、有细节、有场景、有描写、有感觉、有体会；对于议论性、评述型话题，应该保证有充实的论据，特别是典型的事实材料，在抽象的说理中蕴含一种感人的精神力量。

（八）言思同步，逻辑性强

普通话水平测试中的“说话”要求应试人在准备时间很短的情况下，完整、流利地完成一段时长为3～4分钟的表达。这对应试人思维和言语的一致性、同步性是一个严峻的考验，要求应试人在把握整体方向、构建清晰思路的前提下，学会边想边讲，即做到“言思同步”。很多应试人在测试前冥思苦想，设计出一个很好的开头，并且用完整的语句表达出来，但在进入说话的主体部分之后，则出现思维混乱、语句凌乱、神情慌乱等问题。究其原因，是不能做到快速思维，在说的同时，不能提前想好接下来要说的内容。

此外，说话时，还应当注意说话的逻辑性，正确地运用判断、推理等逻辑手段，做到言之有理，言之有序。

课堂互动

想要在普通话水平测试中达到以上要求，你认为应该做哪些准备？

四、普通话水平测试中常见的“说话”失误

（一）言语失畅

言语失畅是普通话水平测试中最常见的一种失误，具体表现为无谓的重复、长时间停顿、反复改正、大量口头禅，以及语流断断续续，话语各部分之间缺乏关联，三言两语就无以为继等。言语不畅的根本原因还是思维问题，即对快速思维能力、整体思维能力的训练不够。

（二）背诵

很多应试人在测试前做了相当充分的准备，甚至采取“集团作战”的形式，将50个题目写成文章，死记硬背。希望用这种“技巧”掩饰自己的语音问题，使自己的语流通畅、表达完整。

这类应试人在测试时，往往将视线长时间集中在某个地方，表情木然；语调、节奏单一，缺乏表现力；在忘记所背诵过的内容时，会出现长时间停顿；语言带有明显的书面语色彩；常常机械地重复某一句话、某个词语，以期想起后面的内容，甚至要求从头再讲一遍。显然，这样的“说话”不能真实地反映应试人的水平。按照评分规则，背诵是要扣分的。

（三）语调不自然

除了语调夸张、做作之外，缺乏必要的轻重处理、停连处理、句调的抑扬处理及语速的快慢处理，会造成语调单一、生硬。测试时，语调不自然往往表现为语调夸张，音色不真实；该强调的没有强调，该停顿的没有停顿；声音缺乏立体美、流动美等。

（四）声音轻细

有些应试人或由于发声的习惯，或以为声音低、细能掩盖一些发音失误，或没有运用必要的呼吸和共鸣方式发声，导致在说话时声音轻细、模糊不清，好像在自言自语，影响了听者对信息的接收。应试人在测试时应尽量避免这种情况，做到声音响亮清晰。

（五）表达旁逸、离题

有些应试人在说话时缺乏前后一致性，常常莫名其妙地插入和主题无关的话语，形成表达旁逸；有的甚至完全偏离了话题范围，造成离题。这两个问题主要是思维滞后、混乱，结构松散造成的。

（六）思维“短路”

有些应试人在测试时突然出现“言语空白”，完全不知道怎么讲下去，即通常所说的思维“短路”。出现这种现象的主要原因是心理紧张，对整个说话过程缺乏通盘考虑和整体构思，导致说话的各个部分之间缺乏联系。

（七）口误

产生口误的原因很多，如语速过快、音节界限不清、心理紧张、依赖背诵的原稿等。实际上，在测试过程中，由于边说边想，应试人难免出现一些口误。出现口误后不要慌张，应保持平和的心态，稍放慢语速，继续往下说。

（八）内容单薄，词汇量不足

内容单薄的具体表现为说话内容有脉络，但没有血肉，空洞无物。例如，进行描述时只有一个粗线条的过程，缺少细节和层次，没有适当地加入场景描述、人物特征描述等；进行评述时缺少事理材料、事实材料来论证观点。还有一个常见问题是词汇贫乏，无法扩展表述的内容。

（九）结构松散，缺乏整体感

结构松散，缺乏整体感的具体表现有：没有清晰的主题，时东时西；只有局部内容，缺少整体把握；缺少关键的结构部分，有结果无原因或有开头没结尾；缺少过渡、呼应等。出现这些现象的原因是没有将初始思维的“语言点”或关键词串联成一个有序的结构。

（十）准备不足，仓促应付

应试人对话题的限定或说话范围的控制与测试要求不符，说话范围过大或过小；缺少一个合理的程序，不知道先说什么，后说什么；有的在测试准备过程中没有对所选的题目进行认真、系统的分析，不知说些什么。

要避免出现以上这些常见的失误，应试人应该在平时的训练中系统分析说话题目，加强语言文学修养，强化口语表达的基础训练，多参加一些口语实践活动。

任务三 进行说话训练

一、说话的基本训练

（一）扩展语句训练

丰富表达内容的一个关键就是学会扩展语句。只有拓宽内容的广度、开掘内容的深度，表达的内容才会丰满起来。在测试时，有些应试人三言两语就无话可说，表达内容单薄空洞，原因就在于不会扩展语句。

应试人可以通过以下两种方法进行扩展语句训练：

① 读下列词语，运用联想思维，将它们串联成一段话。

新建 打开 保存 点击 链接 粘贴 删除 收藏 运行 查找 调整

② 读下列句子，将每个句子作为一段话的开头，并将其扩展成意思相对完整的一段话。

孔子说：“朝闻道，夕可死矣。”……

高尔基说：“爱孩子，这是母鸡也会的。但是，要善于教育他们，这却是需要才能和广博知识的伟大事业。”……

逆境并不可怕，可怕的是……

真正在工作上做出成绩的人，不但要克服重重困难，有时候还要……

当今世界，知识的更新就是进步……

学习最重要的是学会怎样问问题……

（二）语句接龙训练

测试时语流不畅、思维中断是困扰应试人的两大难题。进行语句接龙训练，可以锻炼应试人口语表达的连贯性。

从下列题目中任选一个，由五个人共同完成表达。一个人负责观点的确定和表述，三个人负责对观点进行论证，最后一个人负责结尾。要求所有人的表达以第一人的观点为准，不能修改甚至是反对第一个人的观点，保持前后说话的一致性。每个人的说话时间为三十秒。

题目：

① 读书犹如看风景

② 素质教育，势在必行

③ 学然后知不足

④ 明天，让我们从容面对

⑤ 敢为天下先

⑥ 换一个角度看世界

⑦ 机遇只垂青有准备的人

（三）话题分解训练

进行话题分解训练的目的是让应试人找到说话的线索，培养语言的秩序感、整体感和多样性。多做一些话题分解训练，可以让我们对一个话题建立起多层面、多角度的内容体系。这样，在测试时，我们就有多种选择。

例如，话题“我的家庭”可以分解为以下问题：

① 你家里有哪些人？

② 你的家人分别是干什么的？

③ 他们的性格、爱好和特征是什么？

④ 父母和其他长辈对你的影响有哪些？

⑤ 你的家庭氛围是什么样的？

⑥ 你和家人在一起时最快乐的事情是什么？

⑦ 你们遇到过什么困难？

⑧ 你们怎样面对困难？

⑨ 你家平时的集体活动是什么？

⑩ 有没有让你难忘的家庭集体活动？

尝试对下列话题进行分解，并在此基础上对每个话题进行完整的表达：

① 体育运动的乐趣

② 我了解的地域文化（或风俗）

③ 尊敬的人

④ 我喜欢的节日

⑤ 我的兴趣爱好

⑥ 家乡（或熟悉的地方）

（四）依据提纲说话训练

依据提纲说话即先写出详细提纲或概要提纲，再根据提纲对某个话题进行完整的表达。它要求应试人对整个说话过程、结构、材料有一个清晰的认识，能够事先做好充分的准备。

说话的提纲应包括：话题范围，话题中心或论点，结构形式，层次，开头、过渡、发展、结尾，主要材料及备用材料等。提纲可采用提要的形式或图表的形式，简明扼要地反映出对说话内容所做的准备。

从以下话题中选择一个，拟出提纲后与同桌分别进行说话训练，并指出对方的语音错误与病句：

① 我喜欢的职业（或专业）

② 难忘的旅行

③ 朋友

④ 我喜爱的艺术形式

⑤ 谈谈卫生与健康

⑥ 假日生活

（五）串联关键词训练

串联关键词是先列出和说话主旨、内容、结构有关的几个关键词语，然后进行有机串联，即兴说话。它要求应试人思维敏捷、串联有序，善于用联想思维展开话题。在普通话水平测试中，应试人可在命题说话的准备环节采用这种方法。

关键词通常包括中心、各层次核心内容、结构提示、主要表达形式、材料概括等。例如，话题“童年生活”的关键词可以有快乐、自由、游戏、亲近自然、小伙伴儿、回忆、描述、并列式结构等。

给下列话题构思关键词，并以小组为单位（2～4 人一组）进行命题说话模拟测试。要求必须说够 3 分钟，组内同学互帮互学，取长补短。

① 劳动的体会

② 谈个人修养

③ 向往的地方

④ 生活中的诚信

课堂互动

除了上文介绍的扩展语句、语句接龙、话题分解、依据提纲说话和串联关键词这些方法之外，有人说还可以通过模仿新闻主持人播报新闻的方式来进行说话训练。请和同学扮演新闻主持人和观众，试着播报一段新闻。

二、普通话测试中的命题说话训练

在普通话测试中，命题说话的要求包括：有声（语音），有词语（词汇），有按一定语法关系组成的句子（语法），有一定的思想感情（内容）。此外，为了让别人听懂、喜欢听，还必须尽可能说得流畅、清楚、生动、有趣。应试人应做到发音标准，词汇语法运用规范，吐字清晰，语调自然，语言流畅，表意清楚、完整、生动。

下面列出了 50 个普通话水平测试中所用话题的解题思路，应试人可以试着进行命题说话练习。

1. 我的一天

解题思路：应试人可以说一说给自己留下深刻印象且有意义的一天，并先理顺自己的说话思路，确定好自己要说的内容及说的顺序，再采用通俗易懂的语言介绍自己在这一天做了什么、发生了什么事，等等。

2. 老师

解题思路：应试人可以选择一位自己尊敬或喜爱的老师，从其道德素质、教学技能等方面去展开话题，然后使用一些赞颂性的话语来结尾。例如，正是因为有千千万万个像××一样的“园丁”在自己的岗位上默默奉献，我们才能健康茁壮地成长。

3. 珍贵的礼物

解题思路：应试人可以先介绍礼物的基本情况，如礼物是什么、是什么人送的等，再介绍这件礼物为什么珍贵，如这个礼物是父母送给自己的生日礼物等。

4. 假日生活

解题思路：假日包括双休日和节庆假日等。应试人可以说一说自己的双休日一般是如何安排的，较长时间的节庆假日又是如何安排的，在假日里都发生过哪些难忘的事，等等。应试人如果是学生，还可以说一说自己的寒暑假是如何度过的，在假期里自己都做了哪些有意义的事情等。

5. 我喜爱的植物

解题思路：应试人可以在开头直接说明自己所喜爱的植物是什么，并简要介绍该植物的外形和特点等基本情况，然后从它的外形、习性、颜色、香味、果实、对环境的作用或种植的方法等方面来具体说一说自己为什么喜爱它。

6. 我的理想（或愿望）

解题思路：人的理想（或愿望）往往不是一朝一夕形成的，也不是一成不变的。因此，在说这个话题的时候，应试人可以讲述理想（或愿望）形成、发展的过程。例如，应试人可以先说自己曾经的愿望是什么，再说随着时间的流逝及阅历的丰富，自己的愿望又发生了什么变化，并说一说发生变化的原因，最后说自己为实现这一理想（或愿望）做了哪些努力。

7. 过去的一年

解题思路：应试人可以说一说过去一年中发生在自己身上的、令自己印象深刻的事情，遇到的一些有趣的人，做的一些有意义的事情，等等。在说话时，应试人可以按时间顺序展开话题，如“在过去的一年中，我在 1 月中旬参加了社区志愿队，随队参与了××志愿活动。在志愿队中，我结识了××，我们相约在 6 月一起去爬黄山……”。

8. 朋友

解题思路：结交一个朋友的过程可能是非常有趣的。在谈论这个话题时，应试人可以重点讲述自己与某个朋友结交的过程，说一说自己在与朋友交往的过程中发生过哪些令人印象深刻的事情，

或者朋友做了哪些让自己感动的事情。

9. 童年生活

解题思路：应试人最好选择自己最熟悉、印象最深刻的一段童年生活进行表述。这段童年生活可以是美好的，也可以是悲伤的。例如，应试人可以讲述幼时与小伙伴一起游戏的趣事，也可以讲述童年发生的艰辛的、不愉快的经历。

10. 我的兴趣爱好

解题思路：应试人可以先介绍自己最大的兴趣爱好是什么，再讲述自己是怎样养成这个兴趣爱好的，最后说一说这个兴趣爱好为自己带来了哪些好处，如让自己交到了许多新朋友、开阔了眼界等。

11. 家乡（或熟悉的地方）

解题思路：应试人可以先介绍自己家乡（或熟悉的地方）的地理位置、自然风貌、资源物产、风土人情、人文历史和地方美食等，再说一说家乡（或熟悉的地方）的父母亲人、近年来发生的变化，然后讲述一两件家乡（或熟悉的地方）发生的故事来说明自己对家乡（或熟悉的地方）的感情。

12. 我喜欢的季节（或天气）

解题思路：应试人可以先说明自己所处的地域及此处的四季（或天气）特点，以引出自己喜欢的季节（或天气）。接着，应试人可以说一说喜欢这个季节（或天气）的原因。在谈论原因时，应试人可以从这个季节（或天气）有什么与众不同的风景、曾发生过哪些令自己特别难忘的故事等角度来讲述。

13. 印象深刻的书籍（或报刊）

解题思路：应试人应先说出令自己印象深刻的书籍（或报刊）是什么，再简单介绍该书籍（或报刊）的基本情况（如属于哪类书刊、主要内容是什么等），然后说一说自己喜欢它的原因（如自己可以从书中获得知识和前进的动力，或者阅读这本书可以让自己感到轻松和愉快等）。

14. 难忘的旅行

解题思路：很多人的旅行经历可能不止一次，而让人难忘的一般是比较特殊的旅行经历。在谈论这个话题时，应试人应先交代自己印象最深刻的一次旅行的时间和地点，再讲述旅行的具体过程，说清楚在旅行中遇到了哪些人、看到了哪些风景、发生了哪些令人感动的故事等，最后介绍自己在这次旅行中的收获。

15. 我喜欢的美食

解题思路：应试人可以先说明自己喜欢的美食是什么，再说一说这种美食的形状、色泽、特点、口味和制作过程等，然后说明喜欢这种美食的原因。在介绍原因时，应试人最好能够穿插讲述一两个真实的故事，以使自己的讲述更加生动。例如，介绍某次自己和父母一起制作生日蛋糕并享用蛋糕的过程，讲述自己在制作蛋糕和享用蛋糕时感到非常快乐。

16. 我所在的学校（或公司、团队、其他机构）

解题思路：应试人可以先简要介绍自己所在学校（或公司、团队、其他机构）的基本情况，如名称、位置、规模和获得的荣誉等，再用几个词来概括其氛围，如融洽的、团结互助的、积极向上的等，然后说一说在这个集体中发生的有趣的、难忘的事情，以及自己在这个集体中经历过哪些成长蜕变。

17. 尊敬的人

解题思路：值得尊敬的人可以是一个群体，如教师、医生、环卫工人或军人等；也可以是一个人，如某个英雄人物或自己家中的长辈等。在谈论这个话题时，应试人可以直接说明自己尊敬的人是谁，再简单介绍这个人的基本情况、自己是如何认识对方的，然后说一说在交往过程中对方做了哪些令人肃然起敬的事，或者对方的哪些优秀品质值得自己学习。

18. 我喜爱的动物

解题思路：应试人可以在开头直接说明自己所喜爱的动物是什么，并用几句话简要介绍该动物的外形、特点等，接着从其外貌、生活习性等方面出发，说一说喜爱它的原因。

19. 我了解的地域文化（或风俗）

解题思路：应试人可以介绍自己比较熟悉的地域文化或一种风俗，说一说这一风俗的由来、演变过程、特殊之处，以及在自己记忆中曾发生过哪些与这个风俗有关的故事。需要注意的是，应试人在说话时，对于不了解的内容不能胡乱编造。

20. 体育运动的乐趣

解题思路：有体育专长的应试人可以说一说自己喜欢上某项体育运动的过程，或者自己在体育运动中的收获等。没有体育专长的应试人可以避开自己的运动经历，说一说自己对体育的看法或观看体育赛事时的感受等。

21. 让我快乐的事情

解题思路：应试人应先说出让自己快乐的事情是什么，如顺利通过了考试、准备出去旅游等，再说明这件事为什么会让自己快乐，如考试通过后父母会送自己一个礼物，旅游目的地是自己一直想去的地方等。

22. 我喜欢的节日

解题思路：应试人应先说出自己喜欢的节日是哪一个，再说一说这个节日的由来、喜欢这个节日的原因等，然后说一说在这个节日里都发生过哪些有趣的故事，或者在这个节日里有什么值得期待的事情等。需要注意的是，应试人一定要讲节日中自己熟悉的内容，对于自己不了解的内容可避开不讲，切忌不懂装懂。

23. 我欣赏的历史人物

解题思路：应试人应在日常生活和学习中有意识地了解重要历史人物的生平事迹，这样才能保证在说这个话题时有话可说。应试人在说明自己欣赏的历史人物是谁后，应该重点说明欣赏他的原因。在说明原因时，应试人可以从他的道德素质、学识才艺、历史贡献和历史影响等方面展开话题。

24. 劳动的体会

解题思路：应试人可以用“劳动创造世界”“劳动是快乐之源、幸福之本”等关于劳动的句子引起下文，然后介绍自己参加过的有意义的劳动活动，并穿插讲述劳动过程中发生的一两件有趣的、有意义的事情。最后，应试人应重点说明自己在劳动中的收获。

25. 我喜欢的职业（或专业）

解题思路：每个职业都值得尊敬。在谈论这个话题时，应试人应先选择一种自己熟悉或喜欢的职业（或专业），并说明喜欢这一职业（或专业）的原因，如该职业（或专业）与自己的性格、特长和爱好等密切相关，或某次的特殊经历使得自己喜欢上了该职业（或专业），等等。最后，应试人可以说一说这个职业（或专业）在社会生活中的作用，阐述自己对这个职业（或专业）的理解，以及自己为了从事该职业（或专业）做出了哪些努力，或者自己将会做出哪些努力。

26. 向往的地方

解题思路：这个话题与“难忘的旅行”这一话题有类似的地方。不同的是，“难忘的旅行”是自己已经去过的地方，而“我向往的地方”可以是自己去过的地方，也可以是自己想去却没有去过的地方。

每个人都有自己向往的地方。在介绍向往的地方时，应试人既要介绍这个地方的基本情况，又要说明向往的原因。例如，应试人向往的地方是某处著名的名胜古迹时，应试人可以先介绍这处名胜古迹的基本情况，如建筑风格、建筑年代、建筑特点等，再说明这处名胜古迹有哪些地方能够吸引自己或值得自己去深入了解。

27. 让我感动的事情

解题思路：应试人应先说明让自己感动的事情是什么，再重点说明这件事情为什么让自己感动，然后，可以说一说自己从这件事情中获得了哪些启示。

28. 我喜爱的艺术形式

解题思路：艺术形式包括诗歌、散文、小说、歌剧、舞剧、戏曲、声乐、器乐、小品、杂技、雕塑、绘画、摄影、书法、电影等。在谈论这个话题时，应试人应先说出自己喜爱的艺术形式的名称，再结合具体的艺术作品，如一首诗、一部电影、一幅画、一部交响乐等，从作者、作品内容、艺术特点、自己的感受等多个角度来阐述对该艺术形式的喜爱。

29. 我了解的十二生肖

解题思路：十二生肖是我国重要的民俗文化，十二生肖的历史源远流长。应试人应该在阐述十二生肖的由来、排列方式、象征的基础上，重点说明十二生肖在中国传统文化中的特殊意义。

30. 学习普通话（或其他语言）的体会

解题思路：应试人可以先说一说自己学习普通话（或其他语言）的过程，再具体说一说自己在学习过程中遇到了哪些困难、如何解决了困难、取得了哪些成绩，以及自己学习普通话（或其他语言）的体会等，表明学习普通话（或其他语言）不仅能提高自己与人交流的能力，还能增强自己克服困难的信心。需要注意的是，应试人如果想要举例说明自己学习普通话的过程，那么在举例时要避免说太多方言词汇或不正确的发音。

31. 家庭对个人成长的影响

解题思路：在谈论这个话题时，应试人应先表明家庭对个人成长的影响，再举一两个发生在自己身边的故事来证明自己的观点。

32. 生活中的诚信

解题思路：应试人可以先说明诚信的重要性，如诚信会使人际关系更加和谐，使社会更加安定有序等，再借一两个发生在自己身边的诚信故事，或者引用新闻报道中的诚信故事等，来说明诚信的重要性。最后，应试人可以结合自身经验，说一说在生活中应该如何做到诚信。

33. 谈服饰

解题思路：服饰是一种文化，传达着一定的文化讯息。在谈论这个话题时，应试人除了可以阐述服饰的遮体、御寒和装饰等功能之外，还可以充分挖掘服饰的文化内涵，从服饰的演变过程、民族特色及时代性出发，说一说不同的服饰所体现出的不同的风土人情、价值观念和生活方式等内容。

34. 自律与我

解题思路：应试人可以先阐述自己对自律的看法及自律对个人的重要性等，再说明自己在哪些方面比较自律，在哪些方面还需要提高自律意识，以及自己在自律前后的变化等。

35. 对终身学习的看法

解题思路：应试人可以先说明自己对终身学习的看法，再结合自己的专业或就业意愿，说一说终身学习对个人未来发展的意义。应试人还可以说一说终身学习是社会的大趋势，会学习、爱学习的人才能够不被社会淘汰等。

36. 谈谈卫生与健康

解题思路：卫生包括环境卫生、饮食卫生、个人卫生、心理卫生等各个方面；健康包括人的身体健康和心理健康等方面。在谈论这个话题时，应试人可以先阐明卫生与健康的关系，如“讲卫生是身体健康的前提，拥有健康就必须讲卫生”，再从正、反两方面来阐述卫生与健康的关系。

37. 对环境保护的认识

解题思路：应试人应首先说明破坏环境会产生哪些不良后果，如土地利用不当、破坏地面植被、滥砍滥伐和过度放牧等会造成水土流失，随意排放废水、废气和废渣会让人们的生活环境变差等。其次，应试人应分析出现这些问题的原因，从而引出环境保护的重要性。最后，应试人可以提出解决环境污染问题的方法，说一说人们怎样做才能提高环境保护意识，并为保护环境贡献自己的力量。

38. 谈社会公德（或职业道德）

解题思路：社会公德包括文明礼貌、爱护公物、遵纪守法、尊老爱幼和助人为乐等。应试人在谈论社会公德时，可以从小的方面（如公交车上的一次让座）谈起，也可以从大的方面（如捍卫社会文明建设成果和国家利益）谈起。职业道德是指从事某一职业的人士应该遵守的道德规范，包括爱岗敬业、诚实守信、办事公道、服务群众和奉献社会。应试人在谈论职业道德时，不应局限于某一种职业应该遵守的道德，而应该宽泛地谈每种职业都应该遵循的职业道德。最后，应试人可以说一说遵守社会公德或职业道德的重要性，并呼吁大家一起遵守社会公德或职业道德。

39. 对团队精神的理解

解题思路：应试人可以先说一说自己对团队精神的看法，如团队精神就是大家“心往一处想，劲往一处使”，再联系自身经历或身边的故事来说明团队精神的重要性，并在最后说一说怎样培养团队精神。

40. 谈中国传统文化

解题思路：在谈论这个话题时，应试人可以谈论两个方面的内容。一方面，应试人可以说一说自己对中国传统文化的理解，以及应该如何传承和发扬中国优秀传统文化，并推动其创造性转化、创新性发展。另一方面，应试人可以介绍中国传统文化中的某种民间艺术形式、某种传统技艺、某件传统艺术作品、某种传统风俗等，以及它在中国传统文化中的地位。

41. 科技发展与社会生活

解题思路：科技在推动人类发展、给人类带来便捷的同时，也给人类带来了一些不利影响。因此，在谈论这个话题时，应试人应全面地看待科技发展，从积极和消极两个方面来讲述科技发展对社会生活造成的影响。

42. 谈个人修养

解题思路：要谈论个人修养，就必须对个人修养有一个正确的认识。个人修养是内在素养与外在行为的统一，它包括很多方面，如谦逊、礼貌、诚实、关心身边的人等。在谈论这个话题时，应试人可以从内在与外在两个方面说一说自己对个人修养的看法，也可以说说自己在提高个人修养的过程中的心得体会。

43. 对幸福的理解

解题思路：应试人可以先说一说自己对幸福的理解，再举几个有关幸福的小例子来论证自己的观点，然后说一说如何做才能获得幸福或自己为获得幸福曾经做出过哪些努力，等等。

44. 如何保持良好的心态

解题思路：应试人应该先说一说自己对良好心态的认识，再说出几个保持良好心态的方法，并用几个有代表性的小故事说明自己是如何运用这些方法保持良好心态的，以及自己在心态改变后发生了哪些变化。

45. 对垃圾分类的认识

解题思路：应试人可以先阐述垃圾分类的定义、目的等内容，再说一说垃圾分类在我国的发展历程，然后说一说自己所在的城市、小区或学校等所采取的垃圾分类措施有哪些，以及这类措施为人们的生活带来了怎样的改变。

46. 网络时代的生活

解题思路：网络打破了传统时间、空间、语言的障碍，大大便利了人们的生活。但网络时代也使人与人之间的交流、相处变得碎片化，导致人与人之间的关系更淡漠。在谈论此话题时，应试人应抓住网络给人们的生活带来的各种变化，并将网络时代的生活与没有网络的生活做对比，说一说自己的想法。

47. 对美的看法

解题思路：由于所处的时代、地理环境、文化水平、社会经历、职业、性别、年龄等的差异，不同的人对美的看法及标准也不同。在谈论这个话题时，应试人可以围绕“外表美与心灵美哪个更重要”说一说自己对美的理解，也可以说一说随着年龄的增长，自己对美的看法发生了哪些转变。

48. 谈传统美德

解题思路：应试人可以先说一说传统美德包括哪些，再举例说明传统美德对个人、社会和国家的重要性，然后可以就在当今社会如何弘扬传统美德发表自己的见解。

49. 对亲情（或友情、爱情）的理解

解题思路：应试人可以引用一些如“朋友相交，贵在知心”“慈孝之心，人皆有之”“爱情是两颗灵魂的结合”等关于友情、亲情、爱情的语句，以阐明自己对友情（或亲情、爱情）的理解。然后，应试人可以选择发生在朋友之间（亲人之间、爱人之间）的一两件有趣的、有意义的、令自己感动的事情，来深化自己的观点。

50. 小家、大家与国家

解题思路：此话题要求应试人谈论小家、大家与国家之间的关系。在谈论时，应试人可以先说明自己的观点，如“作为民族共同体的大家，甚至是国家，与作为社会基本构成单位的小家之间，不是零和博弈、你输我赢的关系，而是一种共存、共享、共建、共赢的关系”等。接着，应试人可以讲几个有代表性的例子来说明应该如何平衡小家、大家与国家之间的关系。最后，应试人可以用一段精练的话语总结自己的观点。

汉语词汇的大量“出口”，是时代场景变迁的映射，是中西方文化碰撞的见证，为世界了解中国开启了一扇窗户，也为中华文化走向世界舞台积聚了深沉而坚定的力量。像 renminbi（人民币）、taikonaut（太空人）、gaotie（高铁）、putonghua（普通话）等词在国外广泛流传，已成为中国时代变迁的见证，展示出一个经济发展、科技崛起、文明有序的中国。根据全球语言监督机构报告，1994 年以来加入国际英语行列的词汇中，中式英语的贡献超过任何其他来源。

无论是作为东方文明的代表，还是作为高速发展的现代化大国，中国都在为世界所瞩目。英语中的汉源词语，记载了古老的华夏文明，也记录着日新月异的现代中国。那些展现中国特色、展示中华文化魅力的词语，一定会在中外语言与文化的交流中，让世界了解中国，让中国走向世界。汉语“出口”，出口的是语言，更是中国文化走出去的重要通道。

【实战演练】

情景模拟大擂台

活动目的

深入了解与说话有关的知识，提高自己的口语表达能力。

活动描述

以小组为单位，从下列情景中任选一个或自行创设情景，并编写情景对话，进而开展情景模拟大擂台活动。

情景一：小张、小李和小王是同班同学，他们刚上完普通话课，在回宿舍的路上谈论着各自对学习普通话的体会。

情景二：小郭、小赵、小吴和小韩在吃晚饭，他们对学校餐厅里的饭菜抱怨一番后，开始聊起自己吃过的美食。

情景三：小刘和小宋是好朋友，她们在某商场逛了一下午，各自买了好几件商品，吃饭时聊起此次购物的感受。

活动分组

全班学生每5～7人为一组，各组选出组长并进行任务分工，将小组成员及分工情况填入表8-1中。

表8-1 小组成员及分工情况

班级：__________ 组号：__________ 指导教师：__________

小组成员	姓名	学号	任务分工
组长			
组员			

活动实施

各组按照小组分工情况开展实践活动，并将具体的实施情况记录在表 8-2 中。

表 8-2　实施情况记录表

时间安排	实施步骤
	1. 确定情景 小组展开讨论，确定所要模拟的情景。
	2. 细化情景内容 各组编写情景对话，并分配角色。
	3. 分组排练 各组分角色排练情景对话，并记录排练情况。
	4. 开展情景模拟擂台赛 ① 各小组现场抽签决定模拟表演的顺序。 ② 按照抽签顺序进行模拟表演。 ③ 表演评分。本组以外的其他组组长担任评委，对各组的表演进行评分，评分标准如表 8-3 所示。评分时，除去评分中的最高分和最低分，取剩余评分的平均分作为比赛结果，并按平均分的高低排出名次。
	5. 交流和总结 各组成员就情景对话表演的情况交流感想，并请老师对本次活动的整体情况做总结性发言。

表 8-3　评分标准

评价项目	评分标准	分值	得分
对话内容	紧扣对话主题，内容充实	10 分	
	用词恰当，通俗易懂	10 分	
	结构清晰，贴合语境	10 分	
语言表达	吐字清晰，发音标准	10 分	
	语速适中，节奏富于变化	10 分	
	表达自然，能准确、恰当地表情达意	10 分	
团队协作	小组成员协作良好	10 分	
	任务完成度高	10 分	
仪表仪态	举止从容，大方得体	10 分	
	精神饱满，亲切自然	10 分	
合　计		100 分	

【项目考核】

各组成员结合课前、课中和课后的学习情况，按照表 8-4 的评价标准对该项目的学习效果进行自评和互评，并请老师进行总体评价。

表 8-4　项目考核评价表

考核内容	评价标准	分值	评价得分		
			自评	互评	师评
知识与技能考核（40%）	能简要阐述说话的性质、形式、特征和过程	10 分			
	能举例说明普通话水平测试中“说话”的特征、表达方式和要求	10 分			
	能列举 5 种以上常见的“说话”失误	10 分			
	能够用普通话与他人交流，且准确地表达自己的思想	10 分			
过程与方法考核（20%）	课前积极预习本项目的内容	5 分			
	课中认真听讲，并积极参与课堂互动	10 分			
	课后主动复习所学知识，并积极参与情景模拟擂台赛	5 分			
综合素养考核（40%）	具有较强的沟通能力，能够与他人进行有效沟通	20 分			
	具有团队精神，能够积极地与他人合作	10 分			
	积极参加推广普通话的宣传活动，助推汉语和中华文化走向世界	10 分			
总评	自评（30%）+互评（30%）+师评（40%）=	教师（签名）:			

项目九

普通话水平测试——让语音标准化

【引言】

普通话作为我们常用的交流工具，越来越受到社会的重视，很多特定职业都要求从业人员取得相应的普通话水平测试等级证书。那么，普通话水平测试分几个等级？各等级的要求是什么？哪些人群需要参加测试？测试的内容是什么？这些问题将在本章进行详细解答。

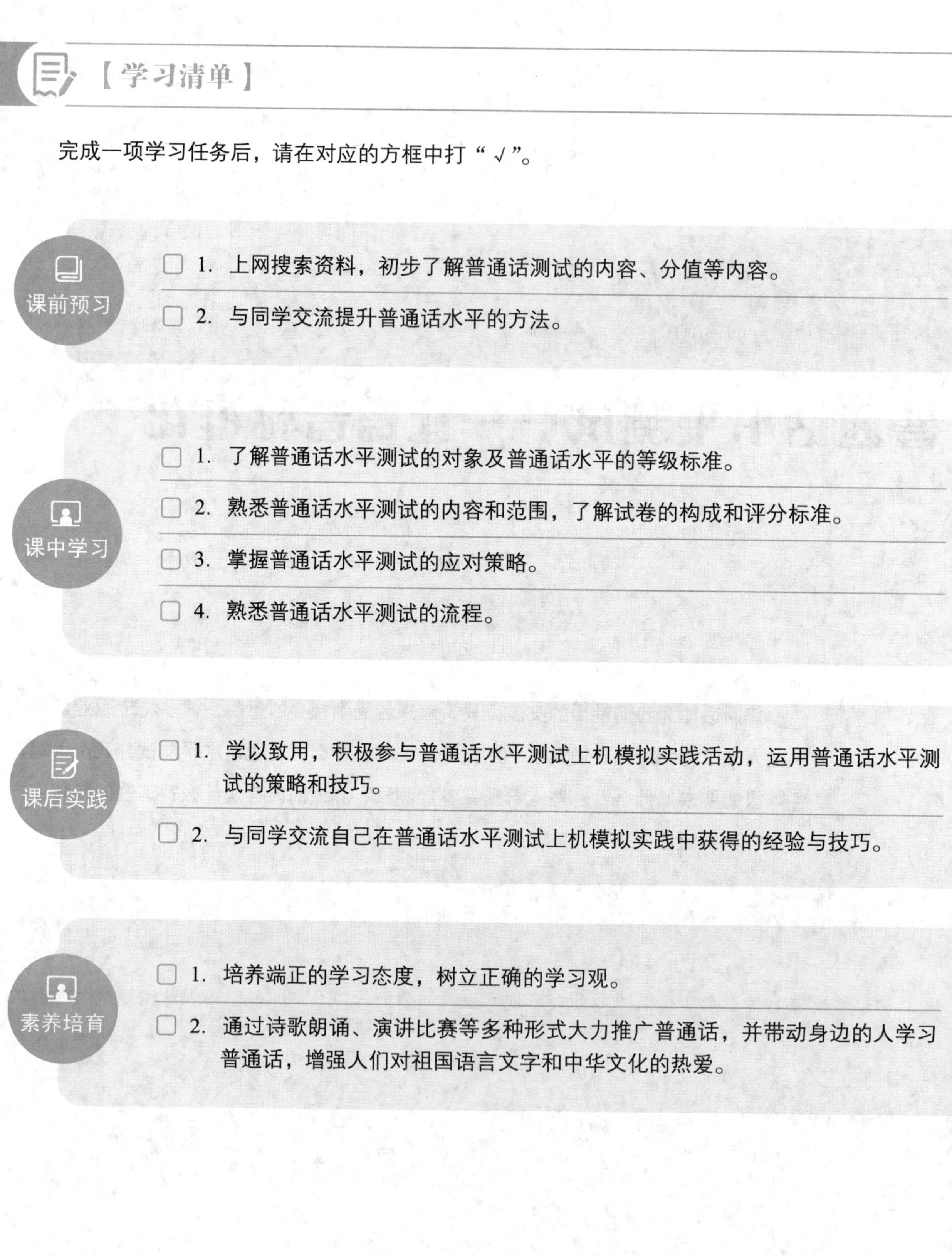

【学习清单】

完成一项学习任务后，请在对应的方框中打“√”。

课前预习

- □ 1. 上网搜索资料，初步了解普通话测试的内容、分值等内容。
- □ 2. 与同学交流提升普通话水平的方法。

课中学习

- □ 1. 了解普通话水平测试的对象及普通话水平的等级标准。
- □ 2. 熟悉普通话水平测试的内容和范围，了解试卷的构成和评分标准。
- □ 3. 掌握普通话水平测试的应对策略。
- □ 4. 熟悉普通话水平测试的流程。

课后实践

- □ 1. 学以致用，积极参与普通话水平测试上机模拟实践活动，运用普通话水平测试的策略和技巧。
- □ 2. 与同学交流自己在普通话水平测试上机模拟实践中获得的经验与技巧。

素养培育

- □ 1. 培养端正的学习态度，树立正确的学习观。
- □ 2. 通过诗歌朗诵、演讲比赛等多种形式大力推广普通话，并带动身边的人学习普通话，增强人们对祖国语言文字和中华文化的热爱。

【知识讲堂】

任务一　了解普通话水平测试的基本内容

普通话水平测试（PUTONGHUA SHUIPING CESHI，缩写为 PSC）是对应试人的普通话规范程度、熟练程度所进行的标准化、规范化的考试。全部测试内容均以口头方式进行，测试通过后，由国家专门机构发放全国通用的资格证书。

一、普通话水平测试的对象

根据国家有关文件规定，普通话水平测试的对象分为两大类：以普通话为工作语言的人员和与口语表达密切相关专业的学生。

（一）以普通话为工作语言的人员

以普通话为工作语言的下列人员，在取得相应职业资格或者从事相应岗位工作前，应当根据法律规定或者职业准入条件的要求接受测试：

① 教师。

② 广播电台、电视台的播音员、节目主持人。

③ 影视话剧演员。

④ 国家机关工作人员。

⑤ 行业主管部门规定的其他应该接受测试的人员。

（二）与口语表达密切相关专业的学生

师范类专业、播音与主持艺术专业、影视话剧表演专业，以及其他与口语表达密切相关专业的学生，应当接受测试。

高等学校、职业学校应当为本校师生接受测试提供支持和便利。

社会其他人员可自愿申请参加测试。

在境内学习、工作或生活 3 个月及以上的港澳台人员和外籍人员可自愿申请参加测试。

二、普通话水平的等级标准

国家语言文字工作委员会颁布的《普通话水平测试等级标准》是划分普通话水平等级的全国统一标准。按照该标准规定，普通话水平等级分为三级，即一、二、三级，每个级别又划分为甲、乙

两个等次。其中，一级甲等为最高，须经国家测试机构认定，一级乙等及以下由省级测试机构认定，三级乙等为最低。普通话等级和对应分值如表 9-1 所示。

表 9-1　普通话等级和对应分值

普通话等级		分值
一级	甲等	97 分及其以上
	乙等	92 分及其以上但不足 97 分
二级	甲等	87 分及其以上但不足 92 分
	乙等	80 分及其以上但不足 87 分
三级	甲等	70 分及其以上但不足 80 分
	乙等	60 分及其以上但不足 70 分

（一）一级

甲等：朗读和自由交谈时，语音标准，词汇、语法正确无误，语调自然，表达流畅。测试总失分率在 3%以内。

乙等：朗读和自由交谈时，语音标准，词汇、语法正确无误，语调自然，表达流畅。偶然有字音、字调失误。测试总失分率在 8%以内。

（二）二级

甲等：朗读和自由交谈时，声韵调发音基本标准，语调自然，表达流畅。少数难点音（平翘舌音、前后鼻尾音、边鼻音等）有时出现失误。词汇、语法极少有误。测试总失分率在 13%以内。

乙等：朗读和自由交谈时，个别调值不准，声韵母发音有不到位现象。难点音（平翘舌音、前后鼻尾音、边鼻音、fu—hu、z—zh—j、送气不送气、i—ü 不分，保留浊塞音和浊塞擦音、丢介音、复韵母单音化等）失误较多。有使用方言词、方言语法的情况，但方言语调不明显。测试总失分率在 20%以内。

（三）三级

甲等：朗读和自由交谈时，声韵母发音失误较多，难点音超出常见范围，声调调值多不准。方言语调较明显。词汇、语法有失误。测试总失分率在 30%以内。

乙等：朗读和自由交谈时，声韵母发音失误多，方音特征突出。方言语调明显。词汇、语法失误较多。外地人听其谈话有听不懂情况。测试总失分率在 40%以内。

提　示

不同地区、不同职业对普通话等级的要求不同，如国家级和省级广播电台、电视台的播音员、节目主持人的普通话水平应达到一级甲等，公共服务行业的特定岗位人员（如广播员、解说员、话务员等）的普通话水平应不低于二级甲等，中小学及幼儿园、校外教育单位的教师的普通话水平应不低于二级。

三、测试内容和范围

普通话水平测试的内容包括普通话语音、词汇和语法。普通话水平测试的范围是国家测试机构编制的《普通话水平测试用普通话词语表》《普通话水平测试用普通话与方言词语对照表》《普通话水平测试用普通话与方言常见语法差异对照表》《普通话水平测试用朗读作品》及《普通话水平测试用话题》。

四、试卷构成和评分

普通话水平测试试卷包括四个部分，分别是读单音节字词、读多音节词语、朗读短文和命题说话，总分为100分。

（一）读单音节字词

1. 目的和要求

目的：测试应试人声母、韵母、声调读音的标准程度。

要求：读单音节字词（100 个音节，不含轻声、儿化音节），每个音节的声韵调必须饱满。100个单音节字词中，70%选自《普通话水平测试用普通话词语表》“表一”，30%选自“表二”。限时3.5分钟，共10分。

2. 评分标准

① 语音错误，每个音节扣0.1分。

② 语音缺陷，每个音节扣0.05分。

③ 超时1分钟以内，扣0.5分；超时1分钟以上（含1分钟），扣1分。

3. 测试时注意事项

① 保持匀速，注意停顿，掌握好时间。

② 把每一个音节发完整，让读音到位而不过分夸张。有的应试人测试时仍像平时说话一样随意，很多音没有发完整，例如，阳平上到4，去声下到3，这个音节就结束了。这种调值不到位的情况是会被扣分的。

③ 不允许读出轻声和儿化音。

④ 每个字读一遍，如果确实需要改，可以读第二遍，但不允许读第三遍、第四遍。有第二遍读音的，一律以第二遍读音为准进行判定。

⑤ 多音字只需要读出一种读音，不要读出该字的所有读音。

⑥ 读时速度不要过快，以免发音不准确或不到位；也不要过慢，以免超时扣分。

（二）读多音节词语

1. 目的和要求

目的：测试应试人声母、韵母、声调和变调、轻声、儿化读音的标准程度。

要求：读多音节词语（100 个音节），要求读出音变。限时 2.5 分钟，共 20 分。

2. 评分标准

① 语音错误，每个音节扣 0.2 分。

② 语音缺陷，每个音节扣 0.1 分。

③ 超时 1 分钟以内，扣 0.5 分；超时 1 分钟以上（含 1 分钟），扣 1 分。

3. 测试时注意事项

① 注意语速，词与词之间要有间隔；注意连读，不能一字一顿。

② 注意词的变调，例如，两个上声字相连时，第一个字变成阳平。

③ 注意轻声和儿化（每种分别有 3～5 个词）。一般儿化音有标注，注意看清。

④ 每个词读一遍，如果确实需要改，可以读第二遍，但不允许读第三遍、第四遍。有第二遍读音的，一律以第二遍读音为准进行判定。

（三）朗读短文

1. 目的和要求

目的：测查应试人使用普通话朗读书面作品的水平。在测查声母、韵母、声调读音标准程度的同时，重点测查连读音变、停连、语调及流畅程度。

要求：朗读短文 1 篇，从《普通话水平测试用朗读作品》的 50 篇朗读材料中任选，评分以朗读作品的前 400 个音节为限；限时 4 分钟，共 30 分。

2. 评分标准

① 每错 1 个音节，扣 0.1 分；漏读或增读 1 个音节，扣 0.1 分。

② 声母或韵母的系统性语音缺陷，视程度扣 0.5 分、1 分。

③ 语调偏误，视程度扣 0.5 分、1 分、2 分。

④ 停连不当，视程度扣 0.5 分、1 分、2 分。

⑤ 朗读不流畅（包括回读），视程度扣 0.5 分、1 分、2 分。

⑥ 超时扣 1 分。

3. 测试时注意事项

① 熟悉材料，理解文义。

② 自然流畅，不回读，不卡壳。

③ 抑扬得当，避免读书腔。

④ 以 400 个音节为限，超过双斜线后的错误、缺陷不扣分。

⑤ 有语音提示的，严格按照语音提示读。

⑥ 口语中习惯儿化，但语音提示没有注音的，有把握的可以儿化，但儿化得不对将扣分。标注了儿化而未读出的，算错误。

⑦ 不要随意添字、漏字和改字，外国人名、地名按照篇中文字念声、韵、调。

（四）命题说话

1. 目的和要求

目的：测查应试人在没有文字材料依托的情况下说普通话的水平，重点测查语音标准程度、词汇语法规范程度和自然流畅程度。

要求：说话话题从《普通话水平测试用话题》中选取，由应试人从给定的两个话题中选定 1 个话题，连续说一段话。限时 3 分钟，共 40 分。

2. 评分标准

① 语音标准程度，共 25 分，分 6 档。

一档：语音标准，或极少有失误，视情况扣 0 分、1 分、2 分。

二档：语音错误在 10 次以下，有方音但不明显，视情况扣 3 分、4 分。

三档：语音错误在 10 次以下，方音比较明显；或语音错误在 10～15 次之间，有方音但不明显，视情况扣 5 分、6 分。

四档：语音错误在 10～15 次之间，方音比较明显，视情况扣 7 分、8 分。

五档：语音错误超过 15 次，方音明显，视情况扣 9 分、10 分、11 分。

六档：语音错误多，方音重，视情况扣 12 分、13 分、14 分。

② 词汇语法规范程度，共 10 分，分 3 档。

一档：词汇、语法规范，扣 0 分。

二档：词汇、语法偶有不规范情况，视情况扣 1 分、2 分。

三档：词汇、语法屡有不规范情况，视情况扣 3 分、4 分。

③ 自然流畅程度，共 5 分，分 3 档。

一档：语言自然流畅，扣 0 分。

二档：语言基本流畅，口语化较差，有背诵自己事先写好的说话稿的情况，视程度扣 0.5 分、1 分。

三档：语言不连贯，语调生硬，视程度扣 2 分、3 分。

④ 无效话语，累计占时酌情扣分。无效话语是指测试员无法据此作出评分的内容，包括重复相同或大体相同的内容、口头禅较多等。无效话语累计占时酌情扣分：累计占时 1 分钟以内（含 1 分钟），扣 1 分、2 分、3 分；累计占时 1 分钟以上，扣 4 分、5 分、6 分；有效话语不满 30 秒（含 30 秒），本测试项成绩计为 0 分。

⑤ 离题、内容雷同，视程度扣 4 分、5 分、6 分。

⑥ 说话不足 3 分钟，酌情扣分：缺时 1 分钟以内（含 1 分钟），扣 1 分、2 分、3 分；缺时 1 分钟以上，扣 4 分、5 分、6 分；说话不满 30 秒（含 30 秒），本测试项成绩计为 0 分。

3. 测试时注意事项

① 内容要求：言之有物——重内容，言之有理——合逻辑，言之有文——讲修辞。

② 语音要求：做到发音准确、语调自然。

③ 词汇、语法要求：不用方言词和方言句式，少用书面语言，不用时髦语。

④ 自然流畅程度要求：少用长句，减少口头禅，不背稿。

⑤ 准备要求：审题准备——确定中心思想，框架准备——列好提纲，词汇准备——找好经典用词，两头准备——抓好开始和结尾。

资料链接

普通话水平测试样卷

一、读单音节字词（100 个音节，共 10 分，限时 3.5 分钟）

郝 缺 瓷 酸 捺 虞 坑 概 选 仕
耳 滕 苍 粉 遍 垮 谈 热 品 熊
掳 赛 虫 擀 房 拐 凑 铡 永 踞
黑 弱 修 鼎 裘 端 准 腭 龚 抿
群 搜 船 笔 渍 蛙 绫 诏 奎 绢
拈 甩 碟 郡 皇 嫩 翁 帛 家 犊
略 雅 票 乳 颇 外 嗓 臻 雪 迸
沏 魂 幂 脑 宽 甜 寡 鬃 窦 姬
坐 柔 秒 怀 冷 安 腿 尊 凡 柯
存 瞥 水 酿 爽 眸 药 产 绛 迟

二、读多音节词语（100 个音节，共 20 分，限时 2.5 分钟）

把握 风格 越野 森林 飞快 春节
子孙 扭转 音像 昆仑 老伴儿 花生
诺言 旅游 奔跑 恰当 摧残 整理
空中 石榴 地铁 下旬 圆场 欢呼
绝活儿 审美 赞扬 穷苦 露馅儿 关怀
矮小 包袱 温差 窘迫 发财 组装
拳头 日程 玩耍 沉思 儿女 荧光屏
创制 模特儿 曲调 仍然 奥运会 名列前茅

三、朗读短文（400 个音节，共 30 分，限时 4 分钟）

照北京的老规矩，春节差不多在腊月的初旬就开始了。“腊七腊八，冻死寒鸦”，这是一年里最

冷的时候。在腊八这天，家家都熬腊八粥。粥是用各种米，各种豆，与各种干果熬成的。这不是粥，而是小型的农业展览会。

除此之外，这一天还要泡腊八蒜。把蒜瓣放进醋里，封起来，为过年吃饺子用。到年底，蒜泡得色如翡翠，醋也有了些辣味，色味双美，使人忍不住要多吃几个饺子。在北京，过年时，家家吃饺子。

孩子们准备过年，第一件大事就是买杂拌儿。这是用花生、胶枣、榛子、栗子等干果与蜜饯掺和成的。孩子们喜欢吃这些零七八碎儿。第二件大事是买爆竹，特别是男孩子们。恐怕第三件事才是买各种玩意儿——风筝、空竹、口琴等。

孩子们欢喜，大人们也忙乱。他们必须预备过年吃的、喝的、穿的、用的，好在新年时显出万象更新的气象。

腊月二十三过小年，差不多就是过春节的“彩排”。天一擦黑儿，鞭炮响起来，便有了过年的味道。这一天，是要吃糖的，街上早有好多卖麦芽糖与江米糖的，糖形或为长方块或为瓜形，又甜又黏，小孩子们最喜欢。

过了二十三，大家更忙。必须大扫除一次，还要把肉、鸡、鱼、青菜、年糕什么的都预备充足——店//铺多数正月初一到初五关门，到正月初六才开张。

四、命题说话（请在下列话题中任选一个，共 40 分，限时 3 分钟）

1. 我喜欢的美食
2. 学习普通话（或其他语言）的体会

任务二　掌握普通话水平测试的应对策略

普通话水平测试看起来容易，好像只是动动口即可。其实，这种考试实际上是对应试人语言组织能力、口头表达能力、心理承受能力、应变能力等各项能力的综合考查，应试人要想在普通话测试中取得好成绩，除了要有扎实的文化知识外，还应掌握一些应对策略。通过大量的测试实践，我们认为，要想在测试中应付自如，取得预期的效果，应该努力做到以下几点。

一、注重知识积累

国家语言文字工作委员会制定的《普通话水平测试大纲》（以下简称《大纲》），给应试人提供了学习的依据。有些县、市结合当地的语言实际情况，编写了相应的测试或备考手册。每一个应试人都应该认真学习和领会《大纲》的基本要求和具体的测试程序、测试内容，了解并掌握自己的方言与普通话之间的差异及对应关系。

知识的积累是需要一个过程的，语言的进步也是在知识积累的过程中得以提高的。每一个应试人都应该认真地向书本学、向生活学、向朋友学。特别是语言文字功底较差的应试人，更应该认真阅读、认真学习《大纲》规定的测试内容，反复训练其中的常用字词、朗读作品等。

二、提高心理承受能力

应试人在考试时的情绪是影响其普通话水平测试成绩的一个重要因素。在普通话测试中，经常出现一些平时基础较好的学生因为心理紧张而测试失败的情况。

提高心理承受能力是一个长期的、艰苦的工作。因此，应试人应踊跃参加各种活动，如演讲比赛、诗歌朗诵比赛、辩论赛、讲故事比赛等，抓住每一个展示自己的机会。此外，应试人还应在平时有意识地锻炼自己的心理承受能力，增强自信，敢于在众人面前表现真实的自我，敢于与陌生人平等、自由地交流，敢于面对批评、斥责，勇于承担责任，从而慢慢提高自己的心理承受能力。

三、提高应变能力

根据《普通话水平测试规程》第六章，普通话水平测试取消备测环节，即考前 10 分钟不再提供测试内容供应试人准备，而是在命题说话答题正式开始前增加了 30 秒的准备时间。在这 30 秒内，应试人应先根据所选话题大致构思所说内容的框架，然后在正式测试的过程中根据思考的内容框架答题。

在测试过程中，有可能会出现突然停电、录音设备故障、考场纪律欠佳等意外情况。这就要求应试人具有一定的应变能力，能从容面对出现的各种意外情况，不急不躁、不怨不恨，保持平和的心态。

应变能力的培养不是一朝一夕的事情，应试人要在平时的学习、工作中有意识地锻炼自己，如学习如何与陌生人打交道，学习冷静地处理突发事件等。

四、提高语言运用能力

普通话水平测试的形式是口试，这就要求应试人在“读”和“说”特别是“说”的过程中，注意语言的组织和表达。

测试时，应试人必须用普通话的逻辑去思考、回答问题，尤其在组织语言时，一定要符合普通话的用词用语规范。

语言的表达最能体现应试人运用语言的能力和普通话水平。那么，如何成为善于运用语言的人呢？诀窍在于多听、多说、多记。多听是指听别人如何说一口流利的普通话，如听广播、听电视节目主持人讲话等；多说是指平时要敢于说、坚持说，只有多说，才能形成语感；多记是指听和说的时候，要注意自己难以掌握的音，并一一记录下来，逐个攻破。

课堂互动

小明在讲述普通话时带有方言口音，在与人交流时，很容易因为紧张说不出话来。本学期，为了顺利通过普通话水平测试，小明经常听新闻联播的录音和普通话教学录音带，模仿普通话发音。同时，小明还积极地参与演讲比赛，锻炼自己的心理承受能力。此外，他还主动与同学交流

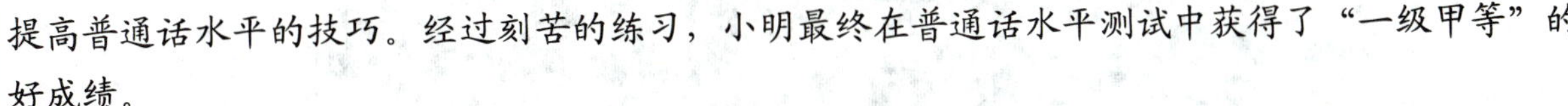

提高普通话水平的技巧。经过刻苦的练习，小明最终在普通话水平测试中获得了“一级甲等”的好成绩。

关于普通话水平的提升，你认为还可以从哪些方面入手？

任务三　熟悉计算机辅助普通话水平测试的流程

普通话水平测试工作一直以来都是靠人工评测应试人的语音标准程度来完成测试任务的，但由于人工测试工作量大、劳动强度高，存在个别读音漏听、误判的现象。为了提高普通话测试的公平、公正和科学性，教育部、国家语言文字工作委员会于 2007 年 9 月 4 日正式启用了计算机辅助普通话水平测试系统。为了顺利通过普通话水平测试，应试人在上机测试前应当了解并熟悉机测的基本流程。

一、候测

应试人在测试当天须携带身份证、准考证进入考场，并在信息采集室采集信息。信息采集包括身份信息验证、照片采集和系统抽签 3 个环节。在身份信息验证环节，应试人应将身份证贴到终端设备的相应位置上进行身份信息验证。在照片采集环节，应试人应在指定位置拍照采集照片。在系统抽签环节，应试人应记住系统随机分配给自己的考试机号。

需要注意的是，若测试站采用的是指纹验证的方式，那么在身份信息验证环节之后，测试站还会采集指纹，应试人进入测试室时应按照要求进行指纹验证。

二、测试

应试人应携带考试证件（身份证、准考证）进入考场，并按照机测的步骤提示完成测试，测试流程大致如下。

（一）人脸验证登录

应试人进入对应的测试机房，找到对应的测试机位后，应坐好并正对摄像头，通过人脸识别的方式登录测试系统。

（二）核对信息

通过人脸识别后，电脑界面会自动跳转到信息核对界面（见图 9-1），应试人应认真核对个人信息，然后在确认无误后点击“确定”按钮进入下一环节。若信息错误，则应试人应立即告知监考人员。

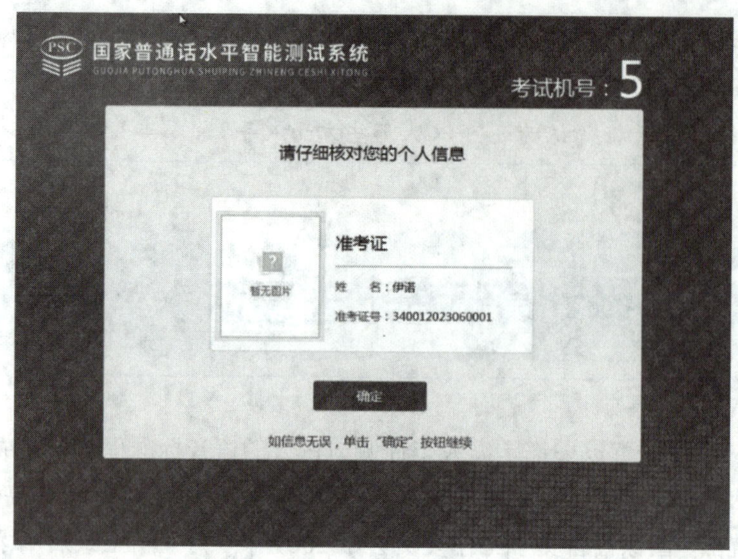

图 9-1　信息核对界面

（三）佩戴耳机

应试人应按照屏幕提示佩戴好耳机，并将麦克风调整到距嘴边 2～3 cm 的位置，如图 9-2 所示。

图 9-2　普通话水平测试麦克风位置示意图

（四）系统试音

佩戴好耳机之后，进入系统试音界面，如图 9-3 所示。试音是为了应试人在正式测试时能顺利完成录音并保证录音质量。试音时，应试人要以适中的音量和语速朗读文本框中的试音文字。如果试音成功，则页面会弹出“试音成功，请等待考场指令！”的提示框。如果试音失败，则页面会弹出提示框，要求应试人点击“确认”按钮重新试音。如果试音一直无法成功，则应试人应举手示意，请求监考人员的帮助。

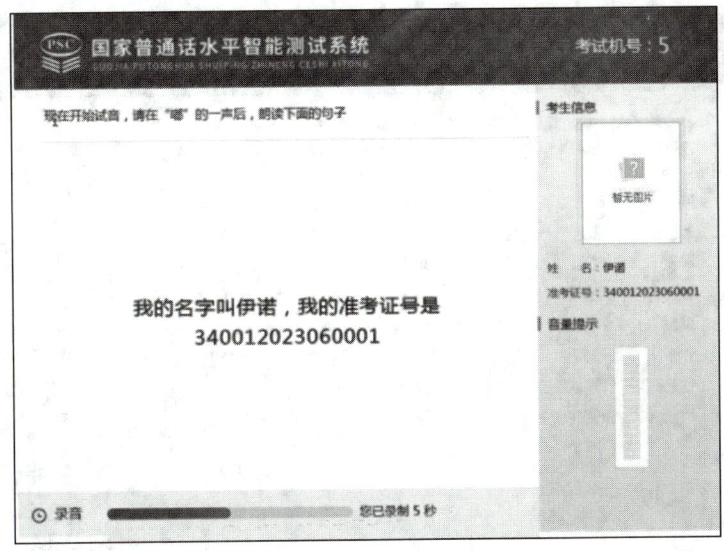

图 9-3　系统试音界面

（五）开始测试

应试人应根据语音提示依次进行测试。

第一题的测试界面如图 9-4 所示。应试人应依据电脑提供的测试内容横向逐行朗读，并在朗读完毕后，点击右下角的"下一题"按钮，进入第二题的测试界面。

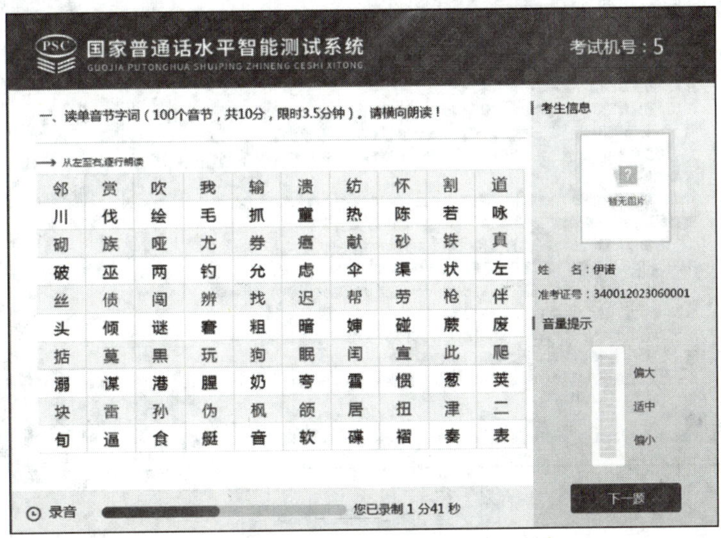

图 9-4　第一题的测试界面

第二题的测试界面如图 9-5 所示。应试人应根据电脑提供的测试内容横向逐行朗读，并在朗读完毕后，单击右下角的"下一题"按钮，进入第三题的测试界面。第一题和第二题的字词通常是一行黑字、一行蓝色，以示区别。

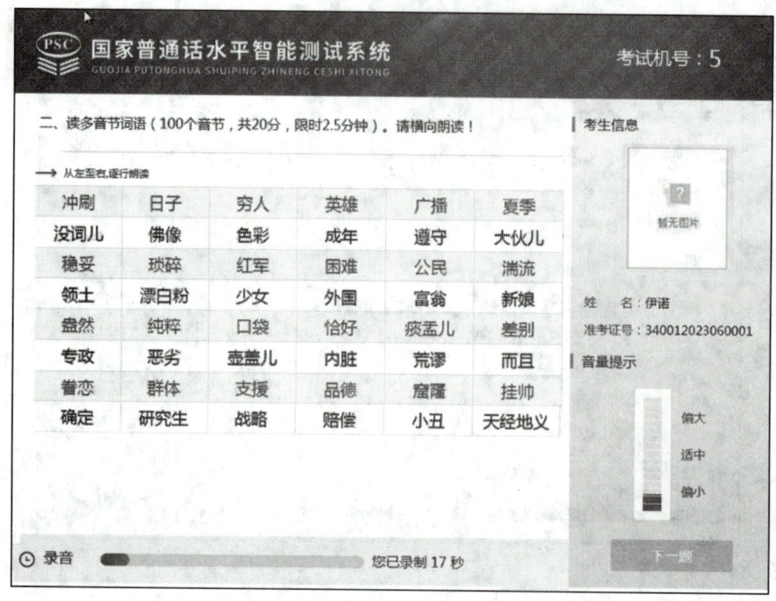

图 9-5　第二题的测试界面

第三题的测试界面如图 9-6 所示。应试人应认真朗读界面内容，并在朗读过程中注意语速和节奏。朗读完毕后，应试人应单击右下角的“下一题”按钮，进入第四题的测试界面。

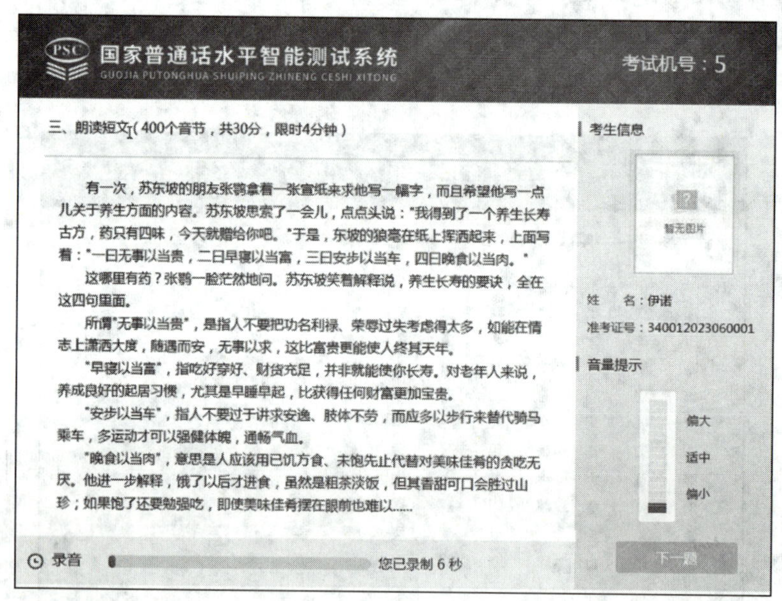

图 9-6　第三题的测试界面

第四题的测试界面如图 9-7 所示。第四题一般有两个题目可供选择。应试人应按照提示，在 10 秒内点击选择说话的题目。确认题目后，应试人有 30 秒的准备时间，在“嘟”声后，应试人应马上开始答题。答题时，应试人应先读出所选择的说话题目，再开始说话，并说满 3 分钟。在说话过程中，应试人可以根据屏幕下方的时间提示条来把握时间。

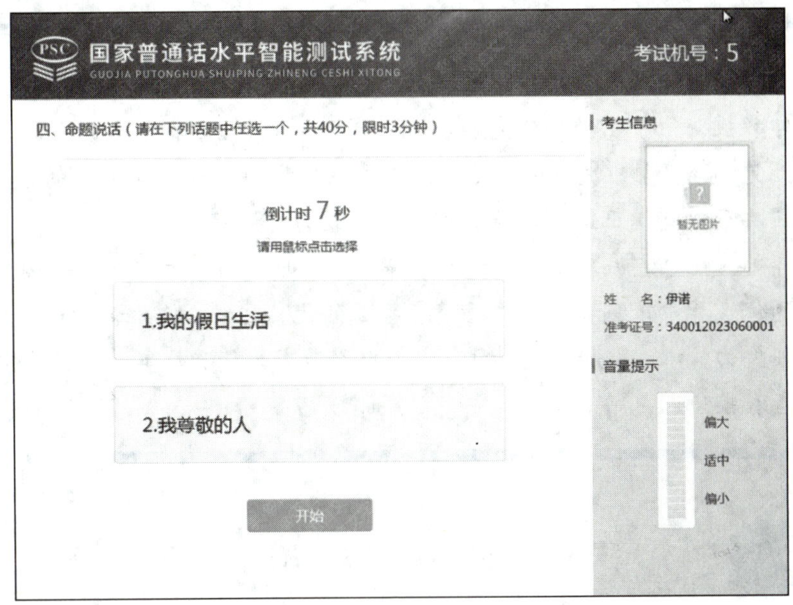

图 9-7　第四题的测试界面

（六）测试结束

应试人完成所有测试后，系统会自动提交试卷，并显示测试结束界面（见图 9-8）。看到此界面后，应试人便可离开考场。

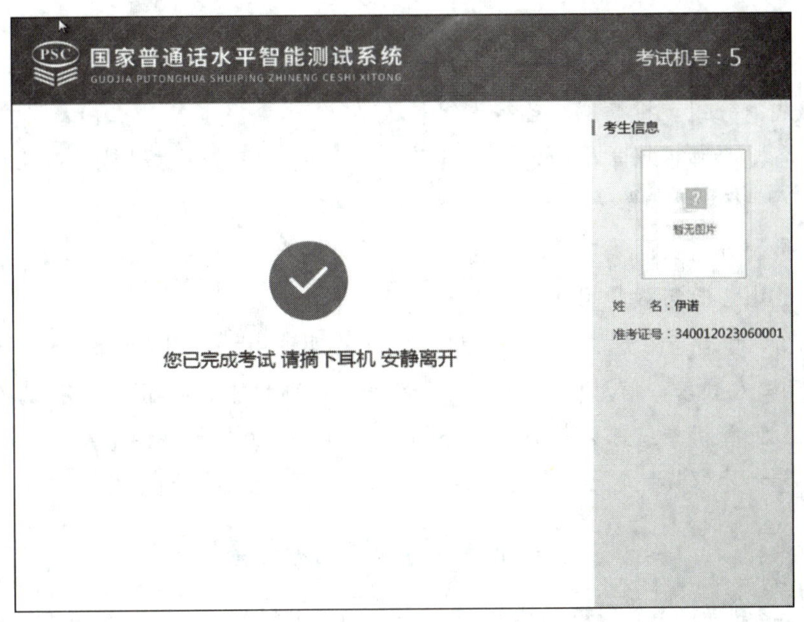

图 9-8　测试结束界面

齐越是我国人民广播事业的第一位著名男播音员，也是中华人民共和国第一位播音学教授。他一生坚持为党和人民发声。他曾说："我是中国人民的播音员，中国共产党的播音员。我传达的是中国人民战胜艰难险阻走向胜利的声音，我传达的是中国共产党堂堂正正的真理之声。我以此为自豪。"

齐越先生"忠诚、敬业、爱民、廉洁、奉献"的一生彰显了我国老一辈播音艺术家的优良革命传统和人民广播播音事业的优良传统。作为新时代的新青年，我们有责任大力传承和弘扬齐越精神，从而更好地成为德智体美劳全面发展的社会主义建设者和接班人。

【实战演练】

普通话水平测试上机模拟实践

活动目的

通过上机模拟测试，熟悉普通话上机考试的具体流程，掌握普通话水平测试的应对策略，进而从容地应对考试。

活动描述

全班学生以小组为单位开展上机模拟实践活动。活动的相关安排如下。

（1）活动形式。分组上机模拟，各组设组长1名。

（2）活动准备。教师根据学生的人数准备若干计算机，安装计算机辅助普通话水平测试系统，并提供普通话水平测试模拟试卷（参考下文样卷）。

（3）组织人员。各组共同确定1名主持人和3名记分员。

（4）评委。各组组长与教师担任评委。

（5）评分规则。单音节字词、多音节词语和短文的朗读由计算机系统评分，命题说话由教师评分，佩戴耳机、应试人登录、信息核对和系统试音等操作项目由各组组长评分（取去掉最高分与最低分后的平均分）。计算机系统评分与人工评分的总和为小组模拟测试的最终得分。

（6）奖项设置。比赛设一等奖1名、二等奖2名，还可由各组组长投票选出"最佳声优奖"。

普通话水平测试模拟试卷

一、读单音节字词（100个音节，共10分，限时3.5分钟）

假	比	华	润	瘸	熊	颇	圈	色	日
爽	就	观	胚	次	肉	还	毛	坑	腿
滨	抢	嗅	解	标	点	折	翁	需	她
印	供	份	剖	裙	称	雪	端	俩	通
皿	小	闹	切	恩	填	胜	全	台	囊

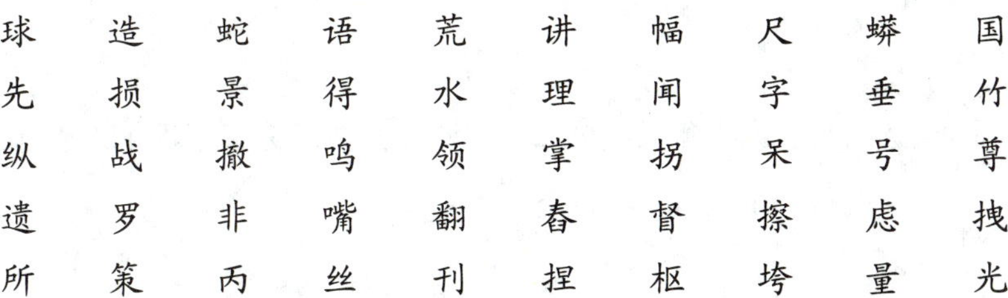

球　造　蛇　语　荒　讲　幅　尺　蟒　国
先　损　景　得　水　理　闻　字　垂　竹
纵　战　撤　鸣　领　掌　拐　呆　号　尊
遗　罗　非　嘴　翻　春　督　擦　虑　拽
所　策　丙　丝　刊　捏　枢　垮　量　光

二、读多音节词语（100 个音节，共 20 分，限时 2.5 分钟）

衰退	充斥	帮忙	脂肪	填塞	夹子
自满	全文	水蒸气	专家	乳牛	头号
窘迫	想象力	人民	远程	垂钓	投标
受训	尽管	烈士	痰盂儿	平行	凭空
缺陷	空旷	橱窗	主宰	苍穹	绝招儿
猜测	飞禽	火锅儿	分辨	关怀	染色
类别	取舍	中旬	混沌	篱笆	打盹儿
奶牛	梅花	高傲	明矾	检查	自力更生

三、朗读短文（400 个音节，共 30 分，限时 4 分钟）

我喜欢出发。

凡是到达了的地方，都属于昨天。哪怕那山再青，那水再秀，那风再温柔。太深的流连便成了一种羁绊，绊住的不仅有双脚，还有未来。

怎么能不喜欢出发呢？没见过大山的巍峨，真是遗憾；见了大山的巍峨没见过大海的浩瀚，仍然遗憾；见了大海的浩瀚没见过大漠的广袤，依旧遗憾；见了大漠的广袤没见过森林的神秘，还是遗憾。世界上有不绝的风景，我有不老的心情。

我自然知道，大山有坎坷，大海有浪涛，大漠有风沙，森林有猛兽。即便这样，我依然喜欢。

打破生活的平静便是另一番景致，一种属于年轻的景致。真庆幸，我还没有老。即便真老了又怎么样，不是有句话叫老当益壮吗？

于是，我还想从大山那里学习深刻，我还想从大海那里学习勇敢，我还想从大漠那里学习沉着，我还想从森林那里学习机敏。我想学着品味一种缤纷的人生。

人能走多远？这话不是要问两脚而是要问志向。人能攀多高？这事不是要问双手而是要问意志。于是，我想用青春的热血给自己树起一个高远的目标。不仅是为了争取一种光荣，更是为了追求一种境界。目标实现了，便是光荣；目标实现不了，人生也会因//这一路风雨跋涉变得丰富而充实；在我看来，这就是不虚此生。

是的，我喜欢出发，愿你也喜欢。

——节选自汪国真《我喜欢出发》

四、命题说话（请在下列话题中任选一个，限时 3 分钟，共 40 分）

1. 难忘的旅行。
2. 印象深刻的书籍（或报刊）。

活动分组

全班学生每 5～7 人为一组，各组选出组长并进行任务分工，将小组成员及分工情况填入表 9-2 中。

表 9-2 小组成员及分工情况

班级：__________ 组号：__________ 指导教师：__________

小组成员	姓名	学号	任务分工
组长			
组员			

活动实施

各组按照小组分工情况开展实践活动，并将具体的实施情况记录在表 9-3 中。

表 9-3 实施情况记录表

时间安排	实施步骤
	1．测试准备 ① 明确注意事项。小组成员互相交流，明确此次模拟实践中的注意事项。 ② 确定主持人、记分员。 ③ 确定测试顺序。各组现场抽签决定测试顺序。
	2．测试与评分 各组成员按照上机考试的具体要求，进行人脸验证登录，核对信息。在确认信息无误后，佩戴好耳机，进行系统试音。试音完毕后，开始测试。 ① 开始测试。各组成员按照测试要求进行测试。 ② 测试评分。各组组长对测试情况进行评分，评分标准如表 9-4 所示。
	3．交流与分享 小组成员在组内交流和分享自己在此次模拟实践中的经验与教训。

表 9-4　评分标准

评价项目	评分标准	分值	得分
测前准备	能够按照要求进行人脸验证登录（4 分）、仔细核对个人信息（3 分），并能够按照要求佩戴耳机、配合试音（3 分）	10 分	
开始测试	读单音节字词：语音正确无误（4 分），语调自然（4 分），在规定时间内完成（1 分）	9 分	
	读多音节词语：语音正确无误（6 分），语调自然（6 分），停连恰当（5 分），且在规定时间内完成（1 分）	18 分	
	朗读短文：语音、语调正确无误，且在规定时间内完成（13 分）；无漏字或多字现象（5 分）；停连恰当（5 分）；表达流畅（4 分）	27 分	
	命题说话：紧绕主题（8 分），语音标准（10 分）；词汇、语法规范（9 分），语言表达自然流畅（4 分），能在规定时间内完成（5 分）	36 分	
合　计		100 分	

【项目考核】

各组成员结合课前、课中和课后的学习情况，按照表 9-5 的评价标准对该项目的学习效果进行自评和互评，并请老师进行总体评价。

表 9-5　项目考核评价表

考核内容	评价标准	分值	评价得分		
			自评	互评	师评
知识与技能考核（40%）	能够阐明普通话水平测试的对象及等级标准	10 分			
	能够简要阐释普通话水平测试的内容、范围和评分标准	10 分			
	能够熟练运用普通话水平测试的应对策略	10 分			
	熟悉普通话水平测试的流程	10 分			
过程与方法考核（20%）	课前积极预习本项目的内容，初步了解普通话水平测试	5 分			
	课中积极听讲，并积极参与课堂互动	5 分			
	课后主动复习所学知识，并积极参与上机模拟训练	5 分			
	能主动分析自己普通话发音与表达的不足之处，并积极地改进与完善	5 分			
综合素养考核（40%）	能通过模拟实践克服怯场心理，锻炼表达能力，培养自信，提高普通话素养	10 分			
	积极参加推广普通话的宣传活动，为弘扬中华文化贡献力量	15 分			
	培养正确使用语言文字的习惯，增强对祖国语言文字的热爱之情	15 分			
总评	自评（30%）+互评（30%）+师评（40%）=	教师（签名）：			

附录

附录一　常用多音字表

A

阿 ① ā 阿姨　阿拉伯
② ē 阿谀　阿胶

挨 ① āi 挨个　挨近
② ái 挨饿　挨打

艾 ① ài 方兴未艾　艾蒿
② yì 自怨自艾

熬 ① āo 熬豆腐　熬白菜
② áo 熬药　熬夜

B

扒 ① bā 扒着栏杆　扒皮
② pá 扒手　扒鸡

把 ① bǎ 把握　把关　车把
② bà 刀把儿　话把儿

柏 ① bǎi 柏树　柏油　姓柏
② bó 柏林
③ bò 黄柏

膀 ① bǎng 肩膀　翅膀
② bàng 吊膀子
③ pāng 膀肿
④ páng 膀胱

蚌 ① bàng 河蚌　鹬蚌相争
② bèng 蚌埠（地名）

磅 ① bàng 过磅　磅秤
② páng 磅礴

薄 ① báo 薄板　薄饼
② bó 淡薄　刻薄　薄弱
③ bò 薄荷

堡 ① bǎo 堡垒　碉堡
② bǔ 堡子　瓦窑堡（地名）
③ pù 十里堡（地名）

暴 ① bào 暴动　凶暴　暴躁
② pù 一暴（曝）十寒

背 ① bēi 背东西　背包袱
② bèi 背脊　违背　背诵

奔 ① bēn 奔跑　奔放　奔流
② bèn 投奔　奔头儿

绷 ① bēng 绷带　棕绷　绷紧
② běng 绷着个脸
③ bèng 绷硬　绷脆　绷直

辟 ① bì 复辟　辟邪
② pì 开辟　辟谣　透辟

臂 ① bì 臂膀　臂助　臂章
② bei 胳臂

扁 ① biǎn 扁平　扁豆　扁担
② piān 扁舟

便 ① biàn 方便　随便　便条
② pián 便宜　大腹便便

别 ① bié 分别　类别　别人
② biè 别扭

瘪 ① biē 瘪三
② biě 干瘪　瘪嘴

剥 ① bō 剥削 剥夺
② bāo 剥花生 剥皮

伯 ① bó 伯父 河伯（神名）
② bǎi 大伯子

卜 ① bǔ 占卜 预卜 姓卜
② bo 萝卜

C

采 ① cǎi 采用 采购 神采
② cài 采地 采邑

参 ① cān 参加 参考 参谋
② shēn 人参 海参 参商
③ cēn 参差不齐

藏 ① cáng 埋藏 躲藏 藏书
② zàng 西藏 宝藏 藏青

侧 ① cè 侧面 侧目
② zhāi 侧歪 侧棱
③ zè 平侧（仄）

叉 ① chā 刀叉 交叉 叉腰
② chá 叉住
③ chǎ 叉着腿
④ chà 劈叉

差 ① chà 差不多 成绩差
② chā 差别 差错 差数
③ chāi 差遣 出差 当差
④ cī 参差不齐

颤 ① chàn 颤动 颤音
② zhàn 颤（战）栗

长 ① cháng 长短 特长 长期
② zhǎng 生长 长辈 首长

场 ① cháng 一场雨 场院 一场大战
② chǎng 广场 市场 立场 战场

朝 ① cháo 朝前 朝代 朝廷
② zhāo 朝阳 朝气 朝夕

吵 ① chǎo 争吵 吵闹 吵醒
② chāo 吵吵

车 ① chē 车辆 车间
② jū （象棋棋子名）

称 ① chēng 名称 称赞
② chèn 称心 称职 对称

匙 ① chí 汤匙
② shi 钥匙

仇 ① chóu 仇敌 报仇
② qiú 姓仇

臭 ① chòu 臭气
② xiù 乳臭 铜臭

处 ① chǔ 处理 处分 相处 处方
② chù 处所 好处 办事处

揣 ① chuāi 揣在怀里
② chuǎi 揣测 揣摩
③ chuài 挣揣

传 ① chuán 传递 传统 宣传 传播
② zhuàn 小传 传记

幢 ① chuáng 经幢 人影幢幢
② zhuàng 一幢楼

创 ① chuāng 创伤 刀创
② chuàng 创造 创刊

刺 ① cī 刺溜
② cì 刺杀 讽刺 鱼刺

D

答 ① dā 答应 答理
② dá 问答 报答

打 ① dá 一打 苏打
② dǎ 打击 打扫 打扮

大 ① dà 大众 大约 大小
② dài 大夫（医生）

待 ① dāi 待一会儿
② dài 等待 待遇

逮 ① dǎi 逮老鼠
② dài 逮捕 力所不逮

担 ① dān 担水 担任 担架
② dàn 担子 重担

单 ① dān 简单 单数 单据
② chán 单于（匈奴君主的称号）
③ shàn 姓单

弹 ① dàn 子弹 炸弹
② tán 弹琴 弹性

当 ① dāng 当选 应当 相当 当地
② dàng 妥当 当真 当铺
挡 ① dǎng 阻挡 挡驾
② dàng 摒挡
倒 ① dǎo 倒下 倒闭 颠倒
② dào 倒退 倒茶 倒序
得 ① dé 得到 得意 得当
② děi 可得注意
③ de 好得很 看得见
的 ① de 我的书 红的花
② dí 的确
③ dì 目的 有的放矢
翟 ① dí 墨翟（墨子）
② zhái 姓翟
地 ① dì 地球 土地 质地
② de 好好地学习
佃 ① diàn 佃户 佃皮
② tián 佃作
调 ① diào 调查 调动 曲调
② tiáo 调和 调整 调皮
钉 ① dīng 钉子 钉住 钉耙
② dìng 钉扣子 钉本子
都 ① dū 首都 都市
② dōu 都是 都有 都要
读 ① dú 读书 朗读 读音
② dòu 句读
肚 ① dù 肚子 肚量
② dǔ 猪肚子 羊肚儿
度 ① dù 程度 温度 制度
② duó 忖度 揣度 度德量力
囤 ① dùn 粮囤 花生囤
② tún 囤积 囤粮

E

恶 ① è 恶劣 凶恶 恶化
② ě 恶心
③ wū（叹词，表示惊讶）
④ wù 可恶 厌恶

F

发 ① fā 发生 发表 发达
② fà 理发 发指
番 ① fān 三番五次 番茄
② pān 番禺（地名）
坊 ① fāng 牌坊 坊间
② fáng 磨坊 染坊
菲 ① fēi 芳菲 菲律宾
② fěi 菲薄 菲仪
分 ① fēn 分开 分别 分数
② fèn 本分 成分 充分 分外
缝 ① féng 缝纫 缝合
② fèng 裂缝 缝隙
佛 ① fó 佛教 佛山（地名）
② fú 仿佛
服 ① fú 服装 服从 服役
② fù 一服药
脯 ① fǔ 肉脯 果脯
② pú 胸脯

G

盖 ① gài 盖子 盖楼 覆盖
② gě 姓盖
干 ① gān 干燥 干涉 干脆
② gàn 干活 干部 才干
杆 ① gān 旗杆 栏杆 桅杆
② gǎn 笔杆儿 一杆枪
岗 ① gāng 花岗石
② gǎng 岗位 岗楼 岗哨
膏 ① gāo 牙膏 膏药 膏腴
② gào 膏车 膏墨
搁 ① gē 耽搁 搁浅
② gé 搁不住
蛤 ① gé 蛤蜊 蛤蚧
② há 蛤蟆

葛 ① gé 葛布 葛藤 纠葛
② gě 姓葛

个 ① gè 个人 个性 个儿
② gě 自个儿

给 ① gěi 送给
② jǐ 供给 自给自足 给予

更 ① gēng 更改 更新 自力更生
② gèng 更加 更上一层楼

供 ① gōng 供给 供销
② gòng 供认 供词 供奉

勾 ① gōu 勾结 勾销 勾画
② gòu 勾当 姓勾

估 ① gū 估计 估量 估价
② gù 估衣

骨 ① gū 骨朵儿 骨碌
② gǔ 骨骼 骨肉 骨气 骨头

观 ① guān 观看 壮观 乐观
② guàn 姓观 白云观（道教庙宇）

冠 ① guān 衣冠 冠冕堂皇
② guàn 冠军 姓冠

龟 ① guī 乌龟 龟甲
② jūn 龟裂
③ qiū 龟兹（地名）

过 ① guō 姓过
② guò 过去 过分 过错

H

哈 ① hā 哈哈笑 哈腰 哈尼族
② hǎ 姓哈 哈达

汗 ① hán 可汗
② hàn 出汗 汗衫

好 ① hǎo 好人 友好 好看
② hào 爱好 好高骛远 好奇 好胜

号 ① háo 呼号 号叫
② hào 号角 记号 号码 号召

喝 ① hē 喝水
② hè 喝令 喝彩

和 ① hé 和平 和解 和谐
② hè 应和 附和
③ huó 和面 和泥
④ huò 和药
⑤ huo 暖和 搅和 掺和
⑥ hú 和了（打牌用语）

荷 ① hé 荷花 荷包
② hè 负荷 感荷

核 ① hé 核心 核对
② hú 桃核儿

横 ① héng 横幅 横行 横竖
② hèng 蛮横 横暴 横财

哄 ① hōng 哄堂大笑
② hǒng 哄骗
③ hòng 起哄 一哄而散

红 ① hóng 红色 红旗
② gōng 女红

虹 ① hóng 彩虹 霓虹灯
② jiàng 出虹了

糊 ① hū 糊了一层泥
② hú 糊涂 裱糊 糊口
③ hù 面糊 糊弄

华 ① huá 中华 华丽 才华
② huà 姓华 华山（山名）

划 ① huá 划船 划得来 划玻璃
② huà 划分 计划 划时代

还 ① hái 还是 还有 还要
② huán 还原 归还

晃 ① huǎng 晃眼 一晃
② huàng 摇晃 晃荡 晃悠

会 ① huì 开会 会合 机会
② kuài 会计 财会

混 ① hún 混蛋
② hùn 混合 混纺 混乱 混沌

豁 ① huō 豁口 豁出命
② huò 豁达 豁然开朗
③ huá 豁（划）拳

J

缉 ① jī 通缉 缉捕
② qī 缉鞋口 缉边儿
几 ① jī 几乎 茶几儿
② jǐ 几个 几何
纪 ① jì 纪念 世纪 纪律
② jǐ 姓纪
济 ① jǐ 济南（地名）
② jì 救济 经济
夹 ① jiā 夹道 夹杂 夹子
② jiá 夹袄 夹被
③ gā 夹肢窝
贾 ① jiǎ 姓贾
② gǔ 商贾 余勇可贾
假 ① jiǎ 假造 假如 假借
② jià 放假 请假
间 ① jiān 中间 房间 时间
② jiàn 离间 间断 间谍 间隔
监 ① jiān 监察 监考 监狱
② jiàn 太监 监利（地名）姓监
槛 ① jiàn 兽槛 槛车
② kǎn 门槛
将 ① jiāng 将来 将军 将息
② jiàng 将领 将兵 将官
浆 ① jiāng 豆浆 泥浆 浆洗
② jiàng 浆（糨）糊
降 ① jiàng 降落 降临 降温 姓降
② xiáng 投降 降伏 劝降
嚼 ① jiáo 嚼碎 嚼舌
② jiào 倒嚼
③ jué 咀嚼
角 ① jiǎo 牛角 角落 号角
② jué 角斗 角色
脚 ① jiǎo 脚步 山脚 脚镣
② jué 脚（角）色
教 ① jiāo 教书
② jiào 教育 教训 宗教
节 ① jiē 节子
② jié 季节 节日 节省
结 ① jiē 结实 结巴 结果子
② jié 结合 结论 打结 团结
解 ① jiě 分解 解放 解答 解决
② jiè 起解 解运 解元
③ xiè 姓解
尽 ① jǐn 尽管 尽先 尽快
② jìn 尽力 尽职 尽情
禁 ① jīn 禁受 不禁
② jìn 禁止 禁锢 禁忌 禁闭
据 ① jū 拮据
② jù 依据 证据 占据
卷 ① juǎn 卷尺 卷烟 花卷儿 卷舌音
② juàn 卷宗 试卷
觉 ① jué 感觉 觉悟
② jiào 睡觉
倔 ① jué 倔强
② juè 倔头倔脑
菌 ① jūn 细菌 病菌
② jùn 菌子
浚 ① jùn 浚河 疏浚
② xùn 浚县（地名）

K

咖 ① kā 咖啡
② gā 咖喱
卡 ① kǎ 卡车 卡片
② qiǎ 关卡 卡子 卡住
看 ① kān 看守 看家
② kàn 看见 看病
扛 ① káng 扛枪 扛活
② gāng 力能扛鼎
壳 ① ké 蛋壳 贝壳
② qiào 地壳 甲壳 躯壳
可 ① kě 可以 可能 可爱
② kè 可汗

吭 ① kēng 一声不吭
② háng 引吭高歌

空 ① kōng 空想 天空
② kòng 空白 空闲

溃 ① kuì 溃败 溃烂 溃疡
② huì 溃脓

L

拉 ① lā 拉车 拉拢 拉倒
② lá 手上拉个口子
③ lǎ 半拉

烙 ① lào 烙印 烙饼 烙铁
② luò 炮烙（古酷刑）

勒 ① lè 勒索 勒令
② lēi 勒紧点

乐 ① lè 快乐 乐观 姓乐
② yuè 音乐 姓乐（与 lè 不同姓）

累 ① léi 累赘 果实累累
② lěi 累积 罪行累累
③ lèi 劳累

擂 ① léi 擂鼓
② lèi 擂台 打擂

俩 ① liǎ 咱俩 兄弟俩
② liǎng 伎俩

量 ① liáng 测量 衡量
② liàng 数量 力量

撩 ① liāo 撩起来
② liáo 撩拨

燎 ① liáo 燎原
② liǎo 把头发燎了

淋 ① lín 淋巴 淋浴 淋漓尽致
② lìn 淋盐 淋病

令 ① lǐng 令狐（复姓）
② lǐng 一令纸
③ lìng 命令 时令

溜 ① liū 溜冰 溜走 溜须拍马
② liù 一溜儿烟

馏 ① liú 蒸馏 馏分
② liù 把馒头馏一馏

六 ① liù 第六
② lù 六安（地名）

笼 ① lóng 笼头 笼子 蒸笼
② lǒng 笼罩 笼络 笼统

搂 ① lōu 搂柴火
② lǒu 搂抱

陆 ① lù 陆地 陆续 姓陆
② liù “六”的大写

露 ① lù 露水 暴露 露骨 抛头露面
② lòu 露底 露马脚

绿 ① lù 绿色
② lù 绿林好汉 鸭绿江

率 ① lǜ 效率 出勤率
② shuài 率领 轻率 直率

论 ① lún《论语》
② lùn 评论 理论 讨论

落 ① luò 涨落 落魄 着落 降落
② lào 落炕 落枕 落色
③ là 丢三落四
④ luō 大大落落

M

蚂 ① mā 蚂螂
② mǎ 蚂蚁 蚂蟥
③ mà 蚂蚱

埋 ① mái 埋葬 埋没 埋头
② mán 埋怨

脉 ① mài 动脉 脉搏 山脉
② mò 脉脉含情

蔓 ① màn 蔓延 蔓草
② wàn 瓜蔓 花蔓 顺蔓摸瓜
③ mán 蔓菁

没 ① méi 没有
② mò 沉没 没落 没收

闷 ① mēn 闷热
② mèn 苦闷 闷气
蒙 ① mēng 蒙骗 蒙头转向
② méng 启蒙 蒙蔽 蒙受
③ měng 蒙古族
眯 ① mī 眯缝 笑眯眯
② mí 沙子眯了眼
靡 ① mí 奢靡 靡费
② mǐ 风靡 靡丽
泌 ① mì 分泌 泌尿
② bì 泌阳（地名）
秘 ① mì 秘密 秘方
② bì 秘鲁（国名）
模 ① mó 模范 模仿 模糊
② mú 模具 模样
磨 ① mó 磨炼 折磨 磨灭
② mò 磨坊 磨豆腐
抹 ① mǒ 涂抹 抹黑 抹杀
② mò 抹墙 转弯抹角
③ mā 抹布

N

哪 ① nǎ 哪里
② na（用在感叹句末的语气助词）
③ né 哪吒
那 ① nā 姓那
② nà 那里
难 ① nán 艰难 难免 为难
② nàn 灾难 非难
呢 ① ne 怎么办呢
② ní 毛呢 呢喃
泥 ① ní 泥土 印泥
② nì 泥古 拘泥
尿 ① niào 尿素 尿布
② suī 尿脬
宁 ① níng 安宁 宁静 姓宁
② nìng 宁可 宁死不屈
拧 ① níng 拧毛巾
② nǐng 拧螺丝
③ nìng 拧脾气
弄 ① nòng 玩弄 弄饭
② lòng 弄堂
疟 ① nüè 疟疾
② yào 发疟子
娜 ① nuó 婀娜 袅娜
② nà（多用于人名）

O

哦 ① ó 哦，他也要来？
② ò 哦，我明白了。
③ é 吟哦

P

排 ① pái 排列 排除 排演
② pǎi 排子车
胖 ① pàng 肥胖
② pán 心宽体胖
刨 ① páo 刨土 刨根儿
② bào 刨床 刨平
炮 ① bāo 炮羊肉
② páo 炮制
③ pào 炮兵 炮弹
跑 ① pǎo 跑步 逃跑
② páo 虎跑泉（泉名，在杭州）
泡 ① pāo 泡桐 眼泡
② pào 泡沫 泡影
喷 ① pēn 喷泉 喷嚏
② pèn 喷香
劈 ① pī 劈山 劈头盖脸
② pǐ 劈柴
片 ① piān 相片儿 唱片儿
② piàn 片段 片面 片言
漂 ① piāo 漂泊 漂移
② piǎo 漂白 漂白粉
③ piào 漂亮

撇 ① piē 撇开 撇油
② piě 撇嘴 撇捺 一撇

屏 ① píng 屏风 屏幕
② bǐng 屏除 屏弃
③ bīng 屏营

迫 ① pò 逼迫 压迫 急迫
② pǎi 迫击炮

仆 ① pū 前仆后继
② pú 仆从 仆仆风尘

铺 ① pū 铺垫 铺张
② pù 铺面 床铺

朴 ① pǔ 朴素
② pō 朴刀
③ pò 朴硝
④ piáo 姓朴

Q

栖 ① qī 两栖 栖身
② xī 栖栖

奇 ① qí 奇特 奇迹
② jī 奇数

铅 ① qiān 铅矿 铅笔 铅字
② yán 铅山（地名）

呛 ① qiāng 呛着了 吃呛了
② qiàng 呛人 够呛

强 ① qiáng 强大 强化
② qiǎng 强迫 强词夺理
③ jiàng 倔强

悄 ① qiāo 静悄悄
② qiǎo 悄然 悄声

翘 ① qiáo 翘首 翘望
② qiào 翘舌音 翘尾巴

切 ① qiē 切开 切线 切磋
② qiè 切实 迫切 一切

茄 ① qié 茄子 番茄
② jiā 雪茄

亲 ① qīn 亲属 亲切
② qìng 亲家 亲家母

区 ① qū 区别 地区
② ōu 姓区

曲 ① qū 弯曲 歪曲 姓曲
② qǔ 歌曲 曲艺

圈 ① quān 圆圈
② juàn 猪圈
③ juān 把鸭圈起来

雀 ① què 麻雀 雀斑
② qiāo 雀子
③ qiǎo 雀盲眼

R

嚷 ① rǎng 嚷叫
② rāng 嚷嚷

任 ① rèn 信任 任命 任务
② rén 姓任 任县（地名）

S

撒 ① sā 撒网 撒娇 撒谎
② sǎ 撒种 撒播

塞 ① sāi 塞子 塞住
② sài 要塞 塞翁失马
③ sè 阻塞 塞责 塞音

散 ① sàn 散会 散发 散步
② sǎn 散文 散装 懒散

丧 ① sāng 丧事
② sàng 丧失 颓丧

扫 ① sǎo 扫地 扫兴 扫射
② sào 扫帚

色 ① sè 颜色 脸色 货色
② shǎi 落色 退色 色子

刹 ① shā 刹车
② chà 古刹 刹那

煞 ① shā 煞车 煞尾 煞笔
② shà 煞费苦心 煞白

杉 ① shān 杉树
② shā 杉木 杉篙

扇 ① shān 用力扇 扇动

② shàn 扇子 一扇门 电风扇

上 ① shǎng 上声

② shàng 上山 上下 上班

少 ① shǎo 多少 缺少 少许

② shào 少年 少壮

蛇 ① shé 毒蛇

② yí 虚与委蛇

舍 ① shě 舍弃 施舍 舍不得

② shè 宿舍 退避三舍

甚 ① shén 甚（什）么

② shèn 甚至

省 ① shěng 省会 节省 省略

② xǐng 反省 省悟 省亲

盛 ① shèng 茂盛 盛况 姓盛

② chéng 盛饭

什 ① shí 什锦 家什

② shén 什么

石 ① shí 石头 石油 石膏

② dàn 一石米

识 ① shí 识别 知识 见识

② zhì 博闻强识

属 ① shǔ 属性 金属 属于

② zhǔ 属意 属望

术 ① shù 技术 战术 术语

② zhú 苍术 白术（中药名）

数 ① shǔ 数不清

② shù 数目 数学 分数

③ shuò 数见不鲜

刷 ① shuā 刷子 刷洗 刷新

② shuà 刷白

说 ① shuō 说话 说明 学说

② shuì 游说

③ yuè 同“悦”

似 ① sì 相似 似乎

② shì 似的

伺 ① sì 伺机 窥伺

② cì 伺候

宿 ① sù 住宿 宿将 宿愿

② xiǔ 一宿

③ xiù 星宿

遂 ① suí 半身不遂

② suì 遂心 未遂

踏 ① tā 踏实

② tà 踏步 践踏

苔 ① tāi 舌苔

② tái 青苔 苔藓

提 ① tí 提升 提醒 提纲

② dī 提防

体 ① tī 体己话

② tǐ 身体 体质 体验 体操

挑 ① tiāo 挑水 挑选 挑剔

② tiǎo 挑战 挑拨

帖 ① tiē 妥帖 服帖 俯首帖耳

② tiě 请帖

③ tiè 碑帖 字帖 画帖

通 ① tōng 通行 通信 通知 通称

② tòng 说了一通

同 ① tóng 同样 同意 同伴

② tòng 胡同

吐 ① tǔ 吐气 吐痰 吐露

② tù 呕吐 吐血 吐沫

驮 ① tuó 驮运

② duò 驮子

拓 ① tuò 开拓 落拓 拓荒

② tà 拓本 拓片

W

瓦 ① wǎ 瓦房 瓦解

② wà 瓦刀

万 ① wàn 万物 万一

② mò 万俟（复姓）

为 ① wéi 作为 为首 成为

② wèi 为了 因为 为什么

尾 ① wěi 尾巴 尾音 尾随
② yǐ 马尾罗

委 ① wěi 委托 委屈 原委
② wēi 委蛇

乌 ① wū 乌鸦 乌云
② wù 乌拉草

挝 ① wō 老挝（国名）
② zhuā 挝鼓

X

铣 ① xǐ 铣床 铣工
② xiǎn 铣铁

系 ① xì 系统 系列 联系
② jì 系鞋带

吓 ① xià 吓唬 吓了一跳
② hè 恐吓 威吓 恫吓

厦 ① xià 厦门（地名）
② shà 大厦

纤 ① xiān 纤维 纤细
② qiàn 拉纤

鲜 ① xiān 新鲜 鲜艳 鲜美
② xiǎn 鲜见 朝鲜

相 ① xiāng 互相 相信 相当
② xiàng 相貌 真相 相声

巷 ① xiàng 大街小巷
② hàng 巷道

削 ① xiāo 削皮 削铅笔
② xuē 剥削 削减

校 ① xiào 学校
② jiào 校正 校对

芯 ① xīn 灯芯
② xìn 芯子

兴 ① xīng 兴奋 兴旺
② xìng 兴趣 高兴

畜 ① xù 畜牧
② chù 牲畜

旋 ① xuán 旋转 凯旋 旋即
② xuàn 旋风

血 ① xuè 血液 血统 心血 贫血
② xiě 流血了

Y

咽 ① yān 咽喉 咽头
② yàn 吞咽 咽气
③ yè 呜咽 哽咽

燕 ① yān 燕山（山名） 姓燕
② yàn 燕子

要 ① yāo 要求 要挟
② yào 需要 紧要 将要

叶 ① yè 树叶 荷叶 姓叶
② xié 叶韵

掖 ① yē 把被角掖好
② yè 奖掖 扶掖

遗 ① yí 遗失 遗忘 遗憾
② wèi 遗赠

殷 ① yīn 殷切 殷勤 姓殷
② yān 殷红

饮 ① yǐn 饮食 冷饮 饮恨
② yìn 饮马

应 ① yīng 应该 姓应
② yìng 答应 应付 应用

佣 ① yōng 佣工 雇佣
② yòng 佣金

与 ① yǔ 与其 与日俱增
② yù 参与 与会

吁 ① yū 象声词、吆喝牲口的声音
② yù 呼吁 吁请
③ xū 长吁短叹

员 ① yuán 学员 动员 幅员
② yún 伍员（古人名）
③ yùn 姓员

钥 ① yuè 锁钥
② yào 钥匙

晕 ① yūn 头晕 晕头转向
② yùn 晕血 晕车 月晕

Z

载 ① zǎi 登载　一年半载
② zài 装载　载歌载舞　搭载

脏 ① zāng 肮脏
② zàng 内脏

曾 ① céng 曾经
② zēng 曾祖　姓曾

轧 ① zhá 轧钢
② yà 轧平　轧花机

炸 ① zhá 炸糕　油炸
② zhà 爆炸　轰炸

栅 ① zhà 栅栏
② shān 栅极

占 ① zhān 占卜
② zhàn 占领　占据

涨 ① zhǎng 涨潮　涨价
② zhàng 涨红了脸

召 ① zhào 号召　召唤
② shào 姓召　召陵

折 ① shé 折耗　姓折
② zhē 折跟头　折腾
③ zhé 骨折　折服　折叠

挣 ① zhēng 挣扎
② zhèng 挣脱　挣钱

正 ① zhēng 正月
② zhèng 正面　正确

症 ① zhēng 症结
② zhèng 急症　症候

殖 ① zhí 繁殖　殖民
② shi 骨殖

只 ① zhī 船只　只身
② zhǐ 只有　只要　只管

峙 ① zhì 对峙　相峙
② shì 繁峙（地名）

中 ① zhōng 中心　中等
② zhòng 中肯　中毒

种 ① zhǒng 种子　种类　种族
② zhòng 种田
③ chóng 姓种

重 ① chóng 重复　重重　重阳
② zhòng 重量　重任　重视

轴 ① zhóu 轴心　轴承
② zhòu 压轴戏

爪 ① zhuǎ 爪子
② zhǎo 爪牙　张牙舞爪

拽 ① zhuāi 把球拽得老远
② zhuài 拽上　生拉硬拽

转 ① zhuǎn 转变　转送　婉转
② zhuàn 旋转　打转　转动

椎 ① zhuī 脊椎骨　颈椎
② chuí 铁椎　椎心泣血

着 ① zhuó 着衣　着落　着眼
② zhāo 高着儿
③ zháo 着凉　着火　睡着
④ zhe 顺着　忙着　为着

兹 ① zī 兹订于
② cí 龟兹（地名）

仔 ① zī 仔肩
② zǐ 仔细
③ zǎi 牛仔裤

钻 ① zuān 钻探　钻研
② zuàn 钻头　钻石

作 ① zuō 作坊
② zuò 工作　振作

柞 ① zuò 柞树　柞蚕
② zhà 柞水（地名）

附录二 因按形声字的声旁读音而造成误读的字

在形声字中，作为声旁的偏旁本来具有标指读音的功能，但由于古今语音的变迁，许多声旁现在不能准确表音，甚至完全不能表音。因此，若仍按“秀才识字看半边”的老办法去读，便很容易出错。下列词语中加着重号的字是容易被误读的字。

例字	应读	不读
狭隘	ài	yì
沙家浜	bāng	bīng
蓓蕾	bèilěi	péilěi
悖逆	bèi	bó
徘徊	huái	huí
小憩	qì	tián
迸裂	bèng	bìng
膏肓	huāng	máng
悭吝	qiān	jiān
裨益	bì	pí
畸形	jī	qí
掮客	qián	jiān
针砭	biān	fàn
觊觎	jì	qǐ
天堑	qiàn	zǎn
濒临	bīn	pín
歼灭	jiān	qiān
惬意	qiè	jiā
哺育	bǔ	fǔ
眼睑	jiǎn	liǎn
侵占	qīn	jīn
忏悔	chàn	qiān
菁华	jīng	qīng
龋齿	qǔ	yú
驰骋	chěng	pǐn
沮丧	jǔ	zǔ
禅让	shàn	chán
炽热	chì	zhí
鸟瞰	kàn	gǎn
慑服	shè	niè
辍学	chuò	zhuì
喟然	kuì	wèi
枢纽	shū	qū
淙淙	cóngcóng	zōngzōng
踉跄	liàngqiàng	liángcāng
吮吸	shǔn	yǔn
痤疮	cuó	zuò
联袂	mèi	jué
婆娑	suō	shā
玷污	diàn	zhàn
泥淖	nào	zhuó
饕餮	tāotiè	hàozhěn
踱步	duó	dù
奇葩	pā	bā
倜傥	tìtǎng	chóudǎng
沸腾	fèi	fú
讷于言	nè	nèi
殄灭	tiǎn	zhēn

例字	应读	不读
桎梏	gù	gào
蹒跚	pán	mǎn
迢迢	tiáotiáo	zhāozhāo
引吭	háng	kàng
骈文	pián	bìng
呷一口	xiā	jiǎ
干涸	hé	gù
蹊跷	qī	xī
纤维	xiān	qiān
涎水	xián	yán
屹立	yì	qì
蛰伏	zhé	zhí
骁勇	xiāo	yáo
造诣	yì	zhǐ
车辙	zhé	chè
鞭挞	tà	dá
洗涮	shuàn	shuā

例字	应读	不读
挟制	xié	jiá
熠熠	yìyì	xíxí
砧板	zhēn	zhàn
机械	xiè	jié
无垠	yín	gēn
浸渍	zì	zè
绚丽	xuàn	xún
拥护	yōng	yòng
对峙	zhì	shì
笑靥	yè	yàn
铡刀	zhá	zé
惴惴	zhuìzhuì	chuǎnchuǎn
轶事	yì	shī
破绽	zhàn	dìng
谆谆	zhūnzhūn	chùnchùn
妊娠	shēn	chén
蚊蚋	ruì	nèi